AF498067

Pablo Martín Tharrats

Legio VIIII Hispana
La verdadera historia jamás contada de la Legión IX Hispana

© Pablo Martín Tharrats, 2015
© Legio VIIII Hispana. La verdadera historia jamás contada de la
   Legión IX Hispana

ISBN papel: 978-84-686-7552-7
ISBN digital: 978-84-686-7554-1
Depósito Legal: M-33834-2015
Editado por Bubok Publishing S.L.

Código de registro: 1509085122687 - Legio VIIII Hispana - (Pablo
Martín Tharrats)
Fecha de registro: 08-sep-2015 17:31 UTC
Licencia: Todos los derechos reservados

Impreso en España / *Printed in Spain*

Reservados todos los derechos sobre este libro. De acuerdo a la legislación vigente, y bajo las sanciones en ella previstas, así como a lo dispuesto en el artículo 270 y siguientes del Código Penal y a la Ley de Propiedad Intelectual, queda totalmente prohibida la reproducción y/o transmisión parcial o total de este libro, por procedimientos mecánicos o electrónicos, incluyendo fotocopia, grabación magnética, óptica o cualesquiera otros procedimientos que la técnica permita o pueda permitir en el futuro, sin la expresa autorización por escrito de los propietarios del copyright. La infracción de los derechos mencionados puede ser constitutiva de delito contra la propiedad intelectual. Si necesita escanear o reproducir algún fragmento de esta obra, contacte en http://edicionespuertaconpuerta.wordpress.com/

PABLO MARTÍN THARRATS

LEGIO VIIII HISPANA

LA VERDADERA HISTORIA JAMÁS CONTADA DE LA LEGIÓN IX HISPANA

¿Por qué los romanos construyeron en Britania el muro de Adriano?
¿Por qué la Legio VIIII Hispana desapareció misteriosamente sin dejar rastro?
¿Qué fue de la Legio VIIII Hispana y de todos sus legionarios?
¿Es cierta la leyenda que cuenta que la Legio VIIII Hispana fue atacada por muertos?
¿Por qué nos esconden información y por qué no nos cuentan toda la verdad?

*A mi padre, José Martín Morán, que está en el cielo con Dios.
¡Gracias por todo, papá; gracias, Pepe!*

*A mis hijos, Mireia, Inés y Pablo; a mi esposa, Cristina,
y con mucho cariño a mi madre, María Helena*

ÍNDICE

INTRODUCCIÓN

Algunos historiadores afirman que la Legio VIIII Hispana o Legión IX Hispana fue aniquilada. Otros dicen que desapareció tras retirarse con deshonor del campo de batalla cuando luchaba en Britania contra las tribus de bárbaros del norte, pero nadie está realmente seguro de cuál fue su destino final ni por qué desapareció sin dejar ningún rastro. Ni tan siquiera en las crónicas oficiales de la época se menciona nada.

Sin duda a lo largo de la historia de Roma no fue ni la primera ni la última legión que desapareció, pero sin duda la Legio VIIII Hispana sí fue la única que lo hizo sin dejar ningún rastro. Simplemente se esfumó de las crónicas de Roma. Sí que es cierto que otras legiones fueron disueltas, o sus efectivos diezmados en la batalla, pero en todos los casos se tiene constancia escrita y documentada del motivo de su final.

En este libro intentaré dar respuesta a estas y a otras muchas preguntas que tantas dudas han generado sobre la Legio VIIII Hispana y sobre el muro de Adriano. Hay que añadir que todo lo que cuento en este libro le sucedió hace unos veinte siglos a un antepasado mío, y que ahora ha podido salir a la luz pública.

Pero antes de continuar, deseo presentarme. Me llamo Pablo Martín, y por un azar del destino me he visto inmerso en una aventura que jamás me hubiera podido imaginar que viviría, ya sé que esto puede sonar a tópico, pero cuando termines de leer este relato, podrás juzgarlo por ti mismo. Lo que a continuación te voy a relatar no es fruto de mi imaginación, sino que todo ello lo he extraído de unos escritos que mi padre me entregó, y después de meditarlo detenidamente, he decidido hacerlos públicos, ya que considero que la sociedad está preparada para conocer una parte de la historia que ha sido ocultada durante siglos.

Como podrás comprobar yo no soy escritor, y la verdad es que no pretendo serlo, así pues, he intentado hacerlo lo mejor que he sabido y he podido. Sin duda mi forma de escribir y mi forma de explicar la historia dista mucho de ser un libro convencional, pues estoy explicando al mundo unos hechos que acaecieron hace unos veinte siglos, hechos los cuales hasta ahora la humanidad no conocía, y si me he decidido a hacerlos públicos es gracias a que hay libros, revistas, películas y series de televisión que hablan sobre el tema, por lo que creo que la sociedad está más capacitada que hace cincuenta o cien años para poder entender la verdad.

Empecemos desde el principio. Todo comenzó cuando mi padre me comentó que en una caja fuerte de seguridad de un banco él había guardado hacía muchos años unos documentos que habían pasado de generación en generación en la familia. A lo largo de los siglos y de padres a hijos, la familia Martín había ido recopilando una serie de manuscritos, pergaminos y libros que eran un legado familiar y que yo, como hijo suyo, debía custodiar en adelante.

Me comentó mi padre que yo tenía dos opciones: guardarlos a buen recaudo en otra caja de seguridad de un banco, desentendiéndome del tema y dejando que el tiempo pasara, o bien abrir la caja y leer los papeles. Mi padre, el padre de mi padre, el padre del padre de mi padre, y así por generaciones de Martín, se habían decantado por la segunda opción. Esta decisión la habían tomado por acompañar a los papeles una leyenda familiar según la cual, su contenido sería difícilmente entendible para la mayoría de los mortales y además, de salir a la luz pública las historias que en ellos se narraban, tal información podría traer consecuencias muy graves. Aunque en realidad solo eran las historias de la familia Martín, que a lo largo de los siglos habían vivido mis antepasados, también eran *historias escondidas de la Historia* por las que había un interés en que la opinión pública no tuviera conocimiento de ellas.

Dado que los escritos que me entregó mi padre databan de siglos, por ello y para poder entender la historia de la familia Martín comencé a leerlos desde el principio. Es por esto que este libro es un breve resumen de lo que sucedió en el siglo I, y ya que mi antepasado vivió en el Imperio romano, los escritos estaban en latín. Por tal motivo, y dado que mi latín está muy oxidado —para ser del todo exactos, completamente olvidado, ya que lo estudié hace más de treinta años y mi profesor se apiadó de mí y me aprobó con un cuatro y medio sobre diez—, he recurrido al traductor de Google, así como a varios diccionarios, pero a pesar de todos estos esfuerzos, me temo que más de una palabra se me ha escapado de su correcta traducción, aunque creo que en el fondo lo que recojo en las siguientes páginas es una síntesis muy ajustada de lo que mi antepasado vivió y plasmó en sus escritos. En algunos pergaminos mi antepasado redactó los diálogos que él y otras personas habían mantenido. Al traducirlos y transcribirlos me he decantado por mantenerlos, tal vez por ello pueda parecer una novela.

Asimismo, debo decir que dado que había muchas cosas que yo no entendía, he buscado información en varios libros y en Internet sobre las legiones romanas, sobre la Legio VIIII Hispana, y sobre la forma de vivir de aquella época, por ello he intercalado en el texto en un recuadro aquellas explicaciones que he considerado oportunas para entender lo que mi antepasado escribió y vivió.

Cuando te encuentres un recuadro como este, en él habré escrito información que será de tu interés y de utilidad para que puedas entender algún punto que se esté narrando. Confío en que este sistema, en vez de ser una molestia para ti, te resulte de utilidad para la comprensión de este libro.

No he recogido más que una pequeña parte de los pliegos, por lo que sólo he narrado varios pasajes de la vida de mi antepasado, puesto que los pliegos la detallaban por completo. Por ello me he decantado por seleccionar aquellos momentos que me permitan explicarte lo que él vivió. Sin duda, lo mejor hubiera sido publicar su biografía completa, así como las de mis antepasados que le sucedieron, pero creo que lo que a continuación escribiré es más que suficiente para entender la gravedad de la situación. Para facilitar la lectura he numerado en capítulos su vida, aunque él no lo tenía clasificado por capítulos, sino por años.

Creo que ya lo he dicho todo. Ahora podrás leer lo que mi antepasado vivió y escribió, y que yo he traducido y he transcrito en este libro.

Pablo Martín Tharrats
Carbajales de Alba, Zamora, España
30 de octubre

CAPÍTULO I

De cómo me alisté, del alistamiento y la instrucción

Me llamo Marcus Marcius Marci f. Murena n., tribu vacceos Marcellus Pius, domo Oceloduri. Todos me conocen como Marcus Marcius Marcellus. Aunque mis amigos de Hispania me llamaban Marcus, en la legión mis compañeros me llamaban Marcellus, y al final de mis días soy conocido por todos como Marcellus. Nací en una aldea cerca de la ciudad de Ocalam y mi familia pertenecía a la tribu Vacceos, aliada de Roma. Mi padre se llamaba Marci, y mi abuelo Murena.

Por lo que he podido investigar, la ciudad o poblado de Ocalam u Oceloduri, denominada Ocellum duri o Octoduron, fue un poblado vacceo y corresponde a la actual ciudad de Zamora. Asimismo, la aldea donde nació mi antepasado es la actual localidad de Carbajales de Alba (Zamora).

Fuente: «Zamora», en http://es.wikipedia.org/wiki/Zamora

Este es mi testamento y mi historia, escrita por mi puño y letra a mis ochenta y tantos años, testamento el cual no es más que un cúmulo de recuerdos agolpados en mi cabeza que después de tanto tiempo han decidido salir.

No sé cómo se hace esto de escribir la vida vivida por uno, así que empezaré por el principio. Los que tengan a bien leer mi escrito tal vez no entenderán algunos pasajes o datos, por ello os aconsejo que busquéis lo que no entendáis, ya sea preguntándolo a un sabio o a un anciano en vuestra aldea, o bien, aquellos que sepáis leer y escribir, leyendo otros escritos y otros pergaminos.

Si escribo estas líneas es con la esperanza de que las generaciones venideras de mi familia no solo me conozcan a mí, sino sobre todo que estén informadas de lo que les voy a narrar, que por increíble e inaudito que pueda parecer, es lo que sucedió, y si lo cuento, es porque yo lo viví y sufrí en persona.

Como he dicho, nací en un pequeño pueblo de Hispania. Mi padre era el jefe de nuestra aldea y se había casado con mi madre, una ciudadana romana, por lo que yo, sin quererlo ni buscarlo, solo por nacer obtuve la ciudadanía romana.

Mi infancia fue algo diferente a la del resto de niños de mi aldea, ya fuera porque mi padre era el jefe, o porque mi madre era una patricia romana, esto es, mi madre pertenecía a una familia importante de Roma, concretamente a una de las familias fundadoras. Tal vez por esto yo recibí una educación muy diferente a la del resto de los niños de mi aldea. No es que no jugara con ellos, es que mi padre me enseñó o hizo que me enseñasen varios oficios como la herrería, la cría de caballos, el comercio, y mi madre cada día se dedicaba a enseñarme a leer y a escribir latín, griego, así como matemáticas, astrología, física, medicina y un sinfín de cosas que no comprendía para qué me podrían servir.

A la edad de dieciocho años tuve que dejar mi casa y alistarme en las legiones, y no precisamente por mi gusto ni mi voluntad, y ni mucho menos con el beneplácito de mi madre, el problema es que mi padre, como jefe de su aldea, se vio obligado a que uno de sus hijos se alistase para de esta forma demostrar al gobernador la buena voluntad de nuestro pueblo hacia Roma.

Conjuntamente con otros tantos jóvenes de mi aldea, una mañana partimos en dirección al campamento romano y después de una instrucción de varios meses fuimos trasladados a la I Cohorte de la Legio IX Hispana, que por aquel entonces estaba en Hispania, acuartelada cerca de mi aldea, aunque al poco tiempo partimos para Britania.

La Legio IX Hispana (Novena Legión Hispana), también Legio IX Hispana Macedonia Victrix, fue una legión romana creada a mediados del siglo I a. de C. —junto con la VI, la VII y VIII— por Pompeyo.
César la dirigió por vez primera como gobernador de la Hispania Ulterior en el 61 a. de C. Se la llevó a la Galia alrededor del año 58 a. de C., donde estuvo presente durante toda la guerra de las Galias.

Fuente: «Legio IX Hispana», en http://es.wikipedia.org/wiki/Legio_IX_Hispana

Cuando me incorporé a la Legio IX Hispana esta se componía de unos cinco mil legionarios, esencialmente tropas de infantería y unos ciento veinte *equites* o caballería. Agrupados en diez cohortes, de tres manípulos o seis centurias cada una, a excepción de la I Cohorte, que es a la que fui destinado, y que tenía más de cinco centurias. Cada legión contaba con 59 centuriones, además de cinco tribunos y un legado.

Asimismo tenía un número significativo de unidades auxiliares, unidades de menor importancia cuya función era la de asistir a las unidades principales de la legión. Cada uno de estos cuerpos auxiliares contaba con entre quinientos al millar de hombres, y en el caso de la Legio IX Hispana, tenía adscritos varios de estos cuerpos, cuyo número de hombres fue disminuyendo conforme nos íbamos enfrentando en cada batalla a más y más enemigos. La principal diferencia entre un legionario y un soldado auxiliar era que solo los ciudadanos romanos podíamos ser legionarios, y el resto de habitantes del Imperio romano podían alistarse exclusivamente como tropas auxiliares.

Las tropas auxiliares eran consideradas por Roma como unidades de menor categoría, en gran medida debido a que no estaban formadas por ciudadanos romanos, sino por personas que provenían de los territorios conquistados por Roma. Su coste era muy inferior, ya que cobraban mucho menos que un legionario. Servían de apoyo a las legiones, aunque en ocasiones fueron solas a la batalla.

Dado que de joven había aprendido varios oficios, y sobre todo dado que mi padre era una persona adinerada e influyente y que mi madre provenía de una familia muy importante de Roma, después del período de instrucción fui nombrado centurión. En la época que yo viví, un centurión estaba unos tres años en una guarnición y después era trasladado a otra guarnición, así hasta cumplir al menos entre veinte y treinta años de servicio, período tras el cual Roma recompensaba a los legionarios con tierras o bien con una casa en una ciudad de veteranos. Sin embargo, mi vida militar la pasé entera en la Legio IX Hispana.

Después de superar una serie de requisitos, como el hecho de ser ciudadano romano y el de no estar casado, estuve varios meses realizando un entrenamiento militar el cual recuerdo que fue terrible. Fueron cuatro los meses que duró, y hacíamos marchas de veinte millas diarias, además hacíamos instrucción dos veces al día.

Muy pronto comenzamos a utilizar armas. Aunque al principio eran escudos y espadas de madera, no tardamos en entrenarnos con espadas de metal, con el consiguiente riesgo que ello comportaba, por lo que al comienzo muchos de mis compañeros resultaron heridos por cortes de espada. En cuanto me fue posible comencé a entrenarme con mi *gladius hispaniensis*, espada que me había traído de Hispania. Era una espada corta de doble filo y punta muy pronunciada, esta espada me ha acompañado a lo largo de toda mi vida y he luchado con ella en un sinfín de batallas. Cuando hice el *sacramentum* fui enviado a Britania.

El sacramentum era el juramento militar con el que los legionarios declaraban que cumplirían con sus obligaciones como legionarios, so pena de ser castigados en caso de no hacerlo, asumiendo que podían llegar a ser ejecutados en caso de no cumplirlo.

Una vez destinado en Britania, amenizaba mi vida de cuartel con las partidas de dados y las salidas a tomar hidromiel, cerveza y vino avinagrado a las tabernas que había cerca del campamento. El sueldo de centurión era aceptable, ya que recuerdo que percibía al año una paga próxima a los dos mil quinientos denarios, además de algunos extras. Un legionario cobraba unos doscientos veinticinco denarios al año y un *primus pilum iterus* cobraba hasta 75.000 denarios al año, sin duda una gran diferencia. En mi caso, como siempre tenía algún denario para gastar, además de algún que otro *spintriae* que había ganado a los dados, intentaba hacer más llevadera mi vida como legionario, aunque claro, hay que entender que era joven.

Mi antepasado menciona en varios párrafos la palabra spintriae. Después de buscar en varios libros y en Wikipedia he encontrado la siguiente aclaración de spintria (cuyo plural es spintriae). *Spintria* era una ficha romana en forma de moneda. En una cara contaba con un número romano que iba del I al XVI, dichos números se cree que representaban el precio del servicio, por lo que el precio más elevado era de 16 ases. En el anverso figuraban un hombre y una mujer haciendo una determinada postura sexual. No se trataba de monedas oficiales, ya que no eran acuñadas por el estado. Su material era el bronce o el latón. Estas monedas o fichas se utilizaban en los lupanares y servían para pagar los servicios de las meretrices, y de esta forma el cliente se aseguraba que recibía los favores que deseaba comprar, ya que las meretrices, muchas de ellas extranjeras y que no hablaban el latín, le daban aquello que observaban en la *spintria*.
Dada su escasez, un coleccionista llegó a pagar hasta 260.000 francos suizos por una spintria con el número I.

Fuentes: *La antigua villa romana de Casale de Piazza Armerina*. Verdades históricas y curiosidades. Luciano Catullo. Texto actualizado a cargo de Enzo Cammarata. Editorial Morgantina. Edición de 2013. Página 16; e Internet.

Con mi sueldo, además de tener que pagarme mi equipo, tenía que vivir. La verdad es que en aquella época no ahorraba nada. Con unos cuantos ases al día para gastarme era muy feliz. Sirva como dato que un denario equivalía a unos diez ases, otro dato a tener en cuenta es que la gente corriente hablaba en ases, y no en denarios, ya que era la moneda más utilizada por los plebeyos. Por uno o dos ases se podía comprar un pedazo de pan, vino o queso. Uno o dos ases también era lo que cobraban las prostitutas, muy abundantes en aquella época, sin duda un oficio con trabajo casi garantizado si estaban cerca de un campamento de legionarios.

Pronto olvidé a mis padres, a mis hermanos y a mis amigos de Hispania. Mi nueva familia era la legión y en ella había de todo, desde buenos hermanos de armas hasta bastardos de la peor calaña, en definitiva, lo mismo que en cualquier familia.

Los días se sucedían, solo rotos por las diferentes estaciones del año, si no, yo no me hubiera percatado del paso del tiempo. Entrenar, mantener el armamento a punto, disciplina férrea y más entrenamiento, de día e incluso de noche, ya que nuestros enemigos también luchaban de noche. Así día tras día, por lo que los momentos en que podíamos escaparnos del campamento —y cuando digo escaparnos era porque nos daban un permiso para salir— los vivía al límite y aprovechaba cada instante como si luego se fuera a acabar el mundo.

Para fortalecernos realizábamos marchas agotadoras desde el amanecer hasta la puesta del sol, cargados con nuestro equipo. En ocasiones nos hacían llevar un peso adicional en forma de piedras, de esta manera decían que soportaríamos las largas marchas que tendríamos que hacer, solo los dioses saben que fue así, ya que una vez terminó mi instrucción, aquellas marchas me habían endurecido y eso que en mi aldea yo pasaba por ser un joven fuerte y con buena salud.

Algo que recuerdo con cierta gracia es la instrucción simulando ser atacados, y digo que recuerdo con gracia, ya que al principio éramos un grupo de más de cien legionarios en el que cada uno hacía las cosas mal y al revés, y conforme nos iban adiestrando, mejoramos y perfeccionamos nuestra forma de luchar. Sin duda aquella instrucción de combate más tarde salvó la vida de muchos de mis compañeros, incluida, claro está, la mía.

CAPÍTULO II

Legio IX Hispana

Desde que la Legio IX Hispana fue creada participó en varias guerras y no menos batallas. En el año 120 estaba destacada en Britania, concretamente estábamos acuartelados en Eboracum, aunque había diversos cuarteles repartidos por toda la Britania que controlábamos.

La Legio IX Hispana estaba acuartelada en la localidad de Eboracum, que es la actual ciudad de York.

Fuentes: «York», en https://es.wikipedia.org/wiki/York y «Legio IX Hispana», en http://es.wikipedia.org/wiki/Legio_IX_Hispana

Allí fuimos enviados mis compañeros y yo desde Hispania. La mayoría de mis amigos fueron destinados a las diferentes cohortes de la IX Hispana, y los que no eran ciudadanos romanos lo fueron a tropas auxiliares. Yo fui nombrado centurión en la I Cohorte.

Según me he informado, los ascensos en las legiones romanas venían determinados por la valía y valentía como soldado, además de por la posición económica y social que ocupaba el legionario y su familia en la vida civil, por lo que no era raro comenzar la carrera militar en vez de como legionario —esto es, el escalafón más bajo—, con un grado superior como el de centurión.
En la legión hacían carrera militar desde senadores —ya que era un escalón inexcusable dentro de la carrera política— hasta familiares de las diferentes familias adineradas de Roma y de las diferentes provincias del Imperio romano, y por supuesto ciudadanos romanos sin posibilidades económicas que buscaban un salario seguro. Me imagino que si mi antepasado fue nombrado centurión, esto es, tenía cien legionarios a sus órdenes, después de pasar un breve periodo de instrucción. Debió deberse a que su familia era una familia adinerada e importante y además fue destinado a la I Cohorte, que en todas las legiones romanas era la más importante, donde eran destinados los legionarios de las mejores familias, así como los más valerosos y valientes.

La vida de un legionario romano en un acuartelamiento era un sin parar: desde guardias, batidas por los alrededores, mantenimiento de las instalaciones y del equipo, y por supuesto, instrucción, y así día sí y día también.

Los días en Britania se sucedían con una rapidez que no dejaba tiempo para pensar en la familia ni en los amigos que había dejado atrás, aunque al final incluso el trabajo incesante se convertía en rutina. Dado que estaba destinado en la I Cohorte y dado que esta era la cohorte principal de la Legio VIIII Hispana, siempre estábamos desplazándonos de campamento en campamento por toda Britania. Bueno, para ser más exactos, por aquellas zonas de Britania que Roma controlaba y dominaba, que eran la zona sur y centro de la isla. Gracias a estos constantes desplazamientos tuve ocasión de conocer no solo Britania, sino también a los centuriones y mandos de la Legio VIIII Hispana, así como a un buen número de legionarios, y esto poco más tarde me fue de gran ayuda.

Marcellus, mi antepasado, relata con gran lujo de detalles a lo largo de muchas páginas su vida cotidiana en la legión, pero dado que no es una parte importante ni esencial de la historia que deseo que conozcas, he decidido omitir estas páginas para centrarme en lo que creo que será de tu interés.

Organización de la legión de Roma:
La infantería se dividía en diez cohortes, cada cohorte (600 legionarios) en tres manípulos (200 legionarios en cada uno), y cada manípulo en dos centurias (entre ochenta y cien legionarios en cada una). La I Cohorte tenía 1.080 legionarios, el resto de contaba con 480 legionarios, las legiones tenían unos cinco mil cuatrocientos legionarios y entre ciento veinte y trescientos jinetes, además de un número similar de tropas en unidades auxiliares.
Se calcula que Roma tenía durante toda su existencia unas treinta legiones en activo y un número indeterminado de tropas auxiliares, llegando a contar en la época del emperador Trajano (53-117) con unos cuatrocientos mil soldados entre legionarios y tropas auxiliares.
Al frente de la legión había un legado militar nombrado por el emperador. Cada cohorte estaba bajo la autoridad de un tribuno, y cada manípulo y centuria, bajo la de un centurión. La caballería se dividía en decurias o grupos de diez jinetes, mandados por un decurión. Cada tres decurias se formaba un escuadrón o turma (treinta jinetes). En cada legión había diez escuadrones, es decir, 300 jinetes mandados por un tribuno militar.
Los grados en las legiones romanas:
—Legado (elegido por el emperador).
—Tribuno militar (seis entre los nobles romanos).
—Tribuno ecuestre.
—Prefecto del campo.
—Centurión.
—Legionario.
—Otros cargos (*signifer, imaginifer, aquilifer, optio*, tesorero, escribano, carretero, ordenanza).

Fuente: http://es.slideshare.net/aljubarrota/presentacin-legiones-romanas-presentation

CAPÍTULO III

Primer encuentro con los *spectrum*

Una mañana, al poco de amanecer, un jinete a galope tendido llegó hasta el campamento. Los centinelas que estaban de guardia en la puerta le dieron el alto, pero este no respondió. Era Brutus Cayo, un viejo legionario que había luchado en la Galia, y ahora en Britania. Yo había compartido con él algunas patrullas cuando él estaba en la I Cohorte, y más de una buena borrachera.

Sin esperar que los centinelas le autorizaran a entrar en el campamento, Brutus entró y siguió al galope hasta llegar a la tienda del tribuno, que era el comandante del campamento. Sin que el caballo se hubiera detenido, saltó de la montura y entró en la tienda. Su semblante reflejaba el miedo de haber visto la muerte cara a cara, los pocos que estábamos dentro de la tienda departiendo las órdenes con el tribuno vimos entrar a un hombre enloquecido.

Sin saludar como era de rigor, Brutus se dirigió al tribuno, y con la boca reseca gruñó unas palabras inteligibles, por lo que este ordenó a uno de sus esclavos que le sirviera un vaso de vino. Brutus, al ver al esclavo que portaba una jarra y un vaso, se abalanzó sobre él y le arrancó literalmente la jarra de las manos y se bebió todo el contenido de un solo trago.

Transcribiré la conversación tal y como la recuerdo, ya que esta fue la primera vez que oí relatar algo que durante muchos años y hasta la fecha ha sido una constante en mi vida.

—Tienen que levantar el campamento y emprender la marcha —exclamó enloquecido Brutus.

—¿Cómo dices? ¿Que emprendamos la marcha? Pero, ¿adónde tenemos que ir? —preguntó el tribuno sorprendido—. Responde, legionario, ¿adónde tenemos que ir?

—Dirección sur. Donde sea excepto quedarnos aquí. —El tono de voz y la cara de Brutus iban a juego, sin duda había visto algo terrible, porque su cara reflejaba el miedo de su alma y su voz lo atestiguaba.

—¡Compórtate, legionario! —le exhortó uno de los oficiales presentes.

—¿Es que no lo entiende? ¡Tenemos que huir!

¡Huir! Lo recuerdo perfectamente. El veterano legionario que había estado en un sinfín de escaramuzas y en tantas batallas, ¡hablaba de huir! Solo por aquello él sabía perfectamente que en otras ocasiones se había ejecutado a legionarios, solo por sugerir la huida, y él estaba clamando que huyésemos.

El comandante del campamento llamó a uno de los legionarios que estaba de guardia flanqueando la puerta de entrada de su tienda.

—¡Ave!, ¿qué ordena, tribuno?

—Dile al oficial de guardia de la puerta que se presente ante mí inmediatamente.

Apenas hubo terminado de hablar, un centurión pidió permiso para entrar.

—¡Ave, tribuno! Al ver que el legionario Brutus se saltaba el control de la puerta y venía al galope hasta su tienda me he apresurado a venir.

—¿Ha estado toda la noche de guardia? —le preguntó al centurión.

—Así es, tribuno.

—¿Ha visto movimiento de tropas enemigas o algo sospechoso?

—Ha sido una guardia tranquila hasta la llegada al galope del legionario. ¿Ordena que arreste a este legionario?

—No, puede retirarse. Vuelva a la puerta y tenga los ojos bien abiertos.

Al salir el centurión de la tienda se hizo un profundo silencio. El legionario Brutus había caído al suelo, ya fuera por todo el vino que se había bebido, ya fuera por agotamiento.

Desde mi posición dentro de la tienda pude ver a través de la entrada que el caballo que había traído a Brutus estaba sencillamente reventado. Su cuerpo estaba cubierto de sudor, como si hubiera estado galopando durante toda la noche. Afortunadamente para él y para su caballo aquella noche habíamos tenido luna llena, y al no haber ninguna nube la visibilidad era aceptable, aunque no para ir al galope. Sin duda el legionario Brutus había tenido mucha suerte de no caerse del caballo y matarse.

—Tribuno —decidí intervenir ante aquella situación—, por lo que veo el caballo que ha traído al legionario Brutus está muy cansado, y diría que ha estado cabalgando prácticamente toda la noche, así pues, el enemigo que comenta debe de estar todavía muy lejos. Si me lo ordena, iré con un grupo de hombres a caballo a explorar el peligro del que nos está avisando.

El tribuno meditó un instante antes de tomar una decisión. Dado que hacía poco tiempo que yo había sido trasladado temporalmente a su cohorte para cubrir la baja de un centurión que había muerto en una emboscada de los bárbaros del norte de Britania, el poco tiempo que llevaba a sus órdenes había aprendido que cuando meditaba un rato antes de tomar una decisión, es que, o bien la situación era nueva para él y no sabía cómo actuar, que solía ser la mayoría de las veces, o bien que estaba meditando qué decisión tomar para salir del paso.

El comandante del campamento era un tribuno que ocupaba aquel cargo, no por su experiencia y valía militar, sino porque pertenecía a una familia adinerada de Roma que había hecho mucho dinero con el comercio de aceite y quería que uno de sus hijos entrase en el Senado de Roma, y sin duda para ser senador de Roma hacía falta hacer carrera militar y por esto estaba en la legión, pero lamentablemente su capacidad como oficial era más que dudosa.

—Me parece una buena idea, pero yo les acompañaré, aunque sólo en calidad de observador, por lo que la unidad de jinetes la comandará el centurión Marcus Marcius Marcellus.

Para mí aquello supuso un gran honor, aunque no fue hasta años más tarde recordando aquel momento cuando entendí que si el tribuno decidió acompañarme como observador y no comandar la expedición fue para, si llegado el caso nos topábamos con el enemigo, poder regresar al campamento y dejarme a mí y a mis hombres luchando contra ese supuesto enemigo que amenazaba nuestro campamento y que tanto miedo había causado a Brutus.

Antes de salir de la tienda intenté sin ningún éxito preguntarle a Brutus qué había visto. Fue del todo imposible que me respondiera, balbuceaba palabras inteligibles, además se había escondido debajo de la mesa que había en la tienda, y se negaba a salir, por lo que yo partí para dar las órdenes de marcha. Más tarde me explicaron que tuvo que ser sacado de la tienda por varios legionarios, pues se negaba a moverse de debajo de aquella mesa.

Sin duda lo que había visto Brutus debía de ser algo terrible, tal vez miles de soldados enemigos que marchaban contra el campamento, o incluso un ejército entero, pero para Brutus aquello no debía crearle ningún miedo, él había luchado contra enemigos muy superiores en número.

En apenas una hora una unidad de veinte caballos y veinte jinetes estaba presta para la marcha. El tribuno iba acompañado y escoltado por cuatro jinetes como escolta personal. En total éramos veinte legionarios, una escolta de cuatro legionarios, el tribuno y yo, esto es, veintiséis soldados y veintiséis caballos, y pertrechos para un día de marcha. Así que decidimos emprender la marcha en dirección norte, pues el centinela nos informó de que Brutus había llegado de aquella dirección.

Fue la clásica marcha de expedición, con varios jinetes avanzados y varios a cierta distancia en cada flanco, por lo que el grueso del grupo, contando a mis hombres, al tribuno y su escolta y a mí, era un grupo demasiado pequeño para entrar en combate. Nuestra misión era la de encontrar al enemigo y determinar su posición y el número de efectivos, y regresar de inmediato al campamento para movilizar a todos los legionarios disponibles, y avisar al resto de campamentos.

Seguimos avanzando durante buena parte de la mañana hasta que llegamos a la ladera de una montaña, y dado que llevábamos mucho rato cabalgando, el tribuno dio orden de detenernos y descansar. Por algún azar del destino, y dado que yo era el comandante de aquella expedición, decidí contradecirle y di orden de continuar hasta la parte más elevada del montículo, para de esta forma poder divisar más extensión de terreno y con ello evitar ser sorprendidos por el enemigo, suponiendo claro está que realmente hubiera algún enemigo por aquel lugar.

El ascenso por la ladera de la montaña fue tranquilo, pero a medio camino de la cima un silencio sepulcral se ciñó a nuestro alrededor, y al instante los caballos se pusieron a relinchar muy alterados. Algo los había sobresaltado, pero no sabíamos quién o qué los había puesto así, y lo más extraño era aquel silencio, de repente todos los pájaros se quedaron mudos. Ante la situación opté por dar la orden de desmontar de los caballos y terminar de subir lo que faltaba hasta la cima a pie, ya que era la única forma de poder dominar a los equinos.

Uno de los legionarios que iba de avanzada llegó hasta la cima, pero en vez de informarnos se quedó parado. Aunque lo usual en aquellos casos era informar de si el camino estaba despejado o si había algún peligro, él simplemente se quedó de pie al lado de su caballo mirando al horizonte. Después de llamarle varias veces me subí al caballo, el cual seguía muy nervioso, e hice el último tramo que me faltaba montado para así ir más deprisa. Conforme iba recorriendo el último tramo que me restaba, el silencio que nos había envuelto más abajo se rompió y comencé a oír un ruido que me resultaba del todo desconocido, pero que cada vez era más intenso, más ensordecedor, más terrorífico, más insoportable.

Al llegar a la cima me situé justo al lado del legionario, que seguía quieto en la misma posición en que se había quedado cuando había bajado de su caballo. Sin bajarme del mío miré al horizonte, justo debajo de la colina en la que me encontraba había un gran valle, y lo que vi es algo que nunca olvidaré.

Cuando el tribuno y su escolta llegaron a la cima y vieron lo que se divisaba desde nuestra posición, este sin mediar palabra se subió a su caballo y dio media vuelta.

—Centurión Marcus Marcius Marcellus, permanezca en esta posición a la espera de refuerzos.

Aquella orden era del todo absurda. ¿Permanecer en aquella posición? ¡Que esperara la llegada de refuerzos! Para cuando estos llegasen hasta allí, como mínimo habría pasado todo un día. ¡Era imposible! Una masa incontable de personas avanzaba hacia nosotros desde el valle que se divisaba sobre la colina, y parte de esa masa ingente la estaba bordeando como si quisiera rodearnos, y el resto la estaba subiendo intentando llegar hasta nuestra posición. Lo que el tribuno me ordenó era del todo imposible, nos había ordenado que nos suicidásemos.

A pesar de que le grité, el tribuno y su escolta de cuatro jinetes había descendido la maldita colina, poco importaba que le gritase, dudo mucho que me oyese, y no por falta de voz o por una distancia excesiva, no me oía simplemente porque él estaba gritando como un loco.

—¡Centurión, mire eso! —uno de los legionarios intentó llamar mi atención.

—¡Marcellus —lo intentó de nuevo—, mira eso!

Me giré y vi cómo la masa subía la ladera intentando alcanzar nuestra posición. Debido a la pendiente muchos se caían y eran pisados por los que les seguían.

—Mira, Marcellus —intentó decir el legionario—, hay legionarios romanos entre el enemigo.

—¡Legionarios romanos! —exclamé—. ¡Eso es del todo imposible!

Durante un buen rato intenté distinguir las personas que había en aquella masa. Lo que pude ver eran niños, jóvenes, adultos, ancianos, hombres y mujeres, también legionarios y tropas del enemigo, todos mezclados sin ningún orden ni formación. Emitían un ruido o gemido que se hacía insoportable, y caminaban de una forma muy rara y lenta, era como si los brazos y las piernas les pesaran, se movían arrastrando sus pies. Sin duda aquella era una forma de caminar muy extraña.

Conforme fueron aproximándose a nosotros les pudimos ver mejor sus caras. Sus caras… aquello era imposible. Sus caras… eran unas caras vacías, inexpresivas, ausentes. Sus caras eran las caras de muertos.

—¡Marcellus! —me gritó otro de los legionarios.

No sé muy bien cuánto tiempo estuve observando los cuerpos que subían por la ladera de la montaña, pero a mi lado un cuerpo se me estaba acercando. El legionario que me avisó blandió su espada y se la clavó en el costado. Los dos pensamos que lo había matado, sin duda le había asestado un golpe mortal, y por esto yo giré la cabeza para seguir mirando los cuerpos que subían, y subían. El grito del legionario fue estremecedor. El cuerpo al que había clavado hasta el fondo su espada en el costado estaba sobre él y se lo estaba comiendo, como si de un león o una hiena se tratara. Yo saqué mi espada y se la clavé en la espalda, pero ese cuerpo seguía comiéndose al legionario sin percatarse del golpe que le acababa de asestar, así que se la volví a clavar otra vez, y como no se inmutaba, repetí el gesto una y otra vez, hasta que finalmente partí en dos su cuerpo; sin embargo, la boca seguía mordiendo al legionario, que estaba inerte en el suelo, así que le clavé mi espada en su cabeza, y solo entonces aquel cuerpo dejó de morder.

Cuando me giré vi cómo los cuerpos habían llegado hasta nuestra posición y estaban atacando a mis legionarios. Lo único que se me ocurrió fue ordenarles que golpeasen sus cabezas o les clavasen sus espadas en ellas. No había terminado de gritar las órdenes que no todos oyeron cuando yo estaba rodeado por varios cuerpos, así que comencé a asestarles con mi espada golpes sobre sus cráneos. Solo a aquellos a los que lograba clavar mi espada en la base del cráneo caían al suelo y dejaban de moverse, el resto, por mucho que les golpease o les clavase mi espada, parecían no inmutarse, y además, lo curioso es que sus heridas no sangraban.

Al vernos rebasados, ordené a mis legionarios que descendieran la colina, el problema es que los caballos habían huido, por lo que tuvimos que bajarla a pie. Varios de mis legionarios estaban siendo devorados por los cuerpos y otros estaban heridos, por lo que ordené cargar con los heridos, y el resto protegimos la retirada del grupo ladera abajo.

Los cuerpos nos perseguían a un paso más lento aunque constante, gracias a que nosotros corríamos más deprisa llegamos antes a la base de la ladera, y viendo que les habíamos ganado cierta distancia, ordené a los legionarios que parasen para así poder reorganizarnos. De los veintiséis que habíamos salido aquella mañana, el tribuno y sus cuatro escoltas habían huido. Así que de los veintiún legionarios restantes incluyéndome a mí, tres habían sido devorados en la cima de la colina, otros cinco habían sido mordidos y estaban heridos, y varios tenían algún rasguño o arañazos de esas cosas, y el resto habíamos salido mejor parados sin un solo rasguño, o eso me pareció a mí.

Dado que los caballos se habían ido en desbandada, ordené que los legionarios más graves fueran ayudados por otro legionario, y el resto nos pusimos a retaguardia para defender la retirada, asimismo situé un legionario de avanzadilla para evitar encontrarnos con más sorpresas.

La retirada fue penosa. Aunque los cuerpos avanzaban a paso lento, este era constante y parecían no cansarse, en cambio nosotros, aunque avanzábamos a paso más rápido, cada vez nos teníamos que detener antes para descansar, pues los legionarios heridos nos retrasaban la marcha.

Viendo que no llegaríamos al campamento, ordené a uno de los legionarios, el más veterano, que avanzara y llegase antes al campamento para pedir ayuda, ya que la marcha precipitada del tribuno no me daba ninguna garantía de que ordenaría a un grupo de legionarios que viniese en nuestro socorro.

A media tarde estábamos simplemente agotados, por ello y dado que les habíamos dejado algo de distancia ordené a los hombres hacer un alto y descansar. Las pocas cantimploras con agua que teníamos fueron repartidas, y eso permitió refrescarnos y descansar por unos instantes. Uno de los legionarios se dirigió a mí.

—Mi centurión, el legionario Maximus ha muerto.

Al mirarle vi su cuerpo sangrando y lleno de mordiscos que un rato antes aquellas cosas le habían hecho. Apenas se reconocía su cara, que estaba totalmente desfigurada por una mueca de terror en su semblante, además de los mordiscos por todo el cuerpo; estaba lleno de arañazos. Sin duda Maximus había luchado como un valiente legionario de Roma.

Los cuerpos seguían avanzando, por ello di orden de reemprender la marcha. Con la muerte de Maximus ya no teníamos que llevar a más heridos graves, porque los otros había ido muriendo y los habíamos ido dejando en nuestra retirada, aunque aquello más que una retirada parecía una huida. Curiosamente esos cuerpos ya no los devoraban, tal vez porque veían en nosotros carne fresca.

En esto que estaba a punto de ordenar reemprender la marcha cuando Maximus, el legionario que acababa de morir, se levantó y con la mirada completamente absorta e ida se dirigió al legionario que tenía más cerca con la clara intención de morderlo. Ante este acto, el legionario exclamó horrorizado:

—¡Maximus se ha *apparuit*! —Y repitió una y otra vez—: ¡Es un *spectrum*!, ¡un *spectrum*!

Antes de que el *spectrum* de Maximus se abalanzara sobre el legionario, este recibió un certero golpe en todo el cráneo que lo derribó al instante.

En el texto original, mi antepasado Marcellus utiliza la palabra *spectrum*, cuya traducción al español podría ser «espectro» o incluso «fantasma». Aunque en algunas frases —muy pocas en realidad— utiliza el término *apparuit*, esto es, «aparecido», así como «muertos que andan». Así pues, y para simplificar la lectura, siempre utilizaré de ahora en adelante el término *spectrum*. Un *spectrum* es lo que todos conocemos gracias al cine o a los libros como un zombi, aunque lo más exacto y correcto es decir «un muerto viviente».

—Coged vuestras cosas. Vamos en dirección al camino. Si recibimos refuerzos, seguro que vendrán por allí.

No había terminado de hablar que todos estaban de pie, y a mi orden comenzamos primero a caminar rápido y luego a correr para alejarnos de los *spectrum*, ya que durante nuestro descanso ellos habían recuperado el terreno que les llevábamos de ventaja. Estuvimos corriendo un buen rato, y dado que la distancia fue otra vez considerable, ordené que nos detuviésemos.

—No hay manera de que dejen de perseguirnos —exclamó uno de los legionarios.

—Sí, por mucho que corremos siempre los tenemos detrás, además ellos no se cansan —dijo otro de los legionarios.

—Ahora, en vez de correr, simplemente caminaremos más rápidos que ellos, manteniendo la distancia, con lo que aguantaremos más rato —les sugerí.

Después de un breve descanso retomamos la marcha, pero esta vez no corrimos, simplemente caminábamos algo más rápido que los *spectrum*. Sin duda aguantamos más rato, pero igualmente tuvimos que parar para descansar. No teníamos agua, nuestras fuerzas flaqueaban, ya que llevábamos todo el día de marcha, y buena parte de la tarde o luchando o huyendo y no habíamos podido comer nada porque nuestras provisiones estaban en las monturas de nuestros caballos.

—¿Habéis visto? —exclamó uno de los legionarios—. No pueden saltar el muro.

En nuestra huida habíamos tenido que saltar un muro que separaba dos parcelas de tierra, era un muro bajo, de unos pocos pies de altura. A nosotros no nos representó ningún problema saltar por encima, pero los *spectrum* no sabían hacerlo.

Equivalencias y conversiones de unidades de longitud romanas:
—La legua romana (*legua* en latín) equivalía a 5.000 pies, o a 1.481 metros (aprox.).
—La milla romana (*milia passum* en latín) equivalía a 15.000 pies, o a 4.443 metros (aprox.).
—El estadio romano (*stadium* en latín) equivalía a 625 pies, o a 185,125 metros (aprox.).
—El pie romano (*pes* en latín) equivalía a un pie, o a 0,2962 metros (aprox.).

Conforme llegaban al muro se detenían, y los que llegaban justo detrás, en vez de pararse seguían andando, con lo que chocaban con los primeros, y así uno tras otro. Llegó un momento en que había grupos que tenían más de veinte *spectrum* empujando al primero haciendo fuerza sobre el muro. En algunos casos, donde el muro era más bajo, los primeros *spectrum* por la presión que recibían fueron empujados por encima del muro y después de levantarse de forma lenta y patosa continuaron su marcha sobre nosotros, pero estos fueron los menos, la gran mayoría quedaron atrapados detrás del muro, presionando los últimos en llegar a los que habían llegado primero.

En un rato, cientos de *spectrum* empujaban en algunas zonas del muro, por lo que este no pudo soportar la presión y cedió, con lo que los *spectrum* pudieron pasar. Lo curioso es que los que estaban cerca del boquete abierto sobre el muro seguían en su sitio y no se les ocurría dirigirse a la zona donde el muro había cedido para de esta forma sortearlo, sino que seguían empujando y empujando en el mismo sitio donde estaban.

Esos minutos de descanso nos permitieron retomar las fuerzas, por lo que ordené reemprender la marcha, ahora ya siguiendo el camino que llevaba al campamento. Simplemente era cuestión de tiempo de que o bien llegásemos nosotros andando, o bien viniesen a rescatarnos. Y así fue, al poco de anochecer y cuando habíamos tenido que encender unas antorchas para poder ver el camino, vimos cómo un grupo de jinetes se acercaba hasta nuestra posición.

Más o menos a cada legua habíamos ido dejando unas estacas o antorchas clavadas en el lateral del camino para poder distinguir a qué distancia de nosotros estaban los *spectrum*, ya que aquella noche las nubes tapaban la luz de la luna, con lo que la visibilidad no era tan buena como la de la noche anterior.

La idea de no correr y de simplemente avanzar a paso más rápido que el que llevaban los *spectrum* nos permitió mantener la distancia y estar a salvo, pero si aquellos jinetes no hubieran llegado en nuestra ayuda, no sé si hubiéramos podido mantener el paso hasta el campamento. Después de toda la tarde corriendo, luchando y huyendo, nuestras fuerzas comenzaban a flaquear.

La patrulla que vino en nuestro rescate tenía orden de hostigar al enemigo para determinar su número. Pero después de hablar con el centurión que la comandaba, este pudo ver por sí mismo que todo lo que le había explicado era verdad, y decidimos que era hora de volver al campamento.

Llegamos de noche cerrada cabalgando al galope con los caballos que nos habían traído para rescatarnos. Los legionarios que estaban heridos leves por mordeduras no muy profundas o arañazos de *spectrum* fueron atendidos por el médico.

Luego me enteré de que los refuerzos no los envió el tribuno, sino el legionario que dirigí al campamento. Si por el tribuno hubiera sido nos hubiera dejado morir, me imagino que para evitar que explicáramos su forma de enfrentarse al peligro huyendo de los *spectrum*.

Yo me dirigí a la tienda del tribuno, que estaba reunido con los oficiales y suboficiales, y decidí entrar sin avisar y sin presentarle mis respetos.

—¡Debemos prepararnos para un ataque inminente del enemigo! —gritó el tribuno. Y prosiguió—: Que todos los legionarios estén preparados para luchar en campo abierto. Que la cohorte se despliegue justo enfrente del campamento para soportar un ataque.

—Mi tribuno —lo interrumpí—, me temo que si luchamos en campo abierto seremos devorados por los *spectrum*.

—¡Marcellus, has regresado! Te estaba esperando —dijo el tribuno.

Sin duda mi mirada de odio hacia él evidenció la falsedad de sus palabras, y no dándose por aludido, dijo:

—¿*Spectrum*?, ¿qué es eso de *spectrum*?

—Son los cuerpos que nos han atacado —respondí.

—¿Cómo que seremos devorados?

—Los *spectrum* no llevan armas, ni escudos, ni espadas, ni lanzas. Cuando llegan cerca de uno de nosotros simplemente se abalanzan y comienzan a morderle, hasta causarle la muerte. Y cuando los legionarios o quien sea mueren por los mordiscos que han sufrido, al poco se levantan y se transforman en uno de ellos, es como si volvieran a aparecer, por esto los llamo *spectrum*.

—¡Eso es imposible! —gritó el tribuno.

—¿Imposible? Usted mismo lo ha visto esta mañana —lo interrumpí—. No son personas, son muertos que andan, ¡son *spectrum*!

—Muy bien, ¿entonces qué propone, centurión Marcellus? —preguntó el tribuno, desafiante.

—Reforzar las empalizadas, y parapetarnos dentro del campamento, y desde la empalizada lanzarles flechas y lanzas a sus cabezas.

—¿A su cabeza?, ¿por qué a la cabeza? —preguntó uno de los centuriones presentes en la reunión.

—Porque la única forma de eliminar a un *spectrum* es darle un golpe seco y certero en la base del cráneo —argumenté.

—Pero si están muertos, ¿cómo es posible que caminen y muerdan?

Desde que habíamos tenido el primer encuentro con los *spectrum* esa era una pregunta que me rondaba la cabeza.

—Pues no lo sé —fue lo único que pude responder.

—Que los legionarios hagan una buena cena y se vayan a descansar, mañana seguro que será un día muy movido —ordenó el tribuno.

—Mi tribuno, me temo que los *spectrum* llegarán a nuestro campamento esta misma noche.

—Bien, centurión Marcellus, ya que se ha convertido en un experto en *spectrum*, ¿qué es lo que propone?

—Que nos preparemos para un ataque inminente. Propongo hacer grandes fuegos alrededor del campamento.

—Centurión Marcellus —interrumpió uno de los presentes—, tal vez sea un experto en… ¿cómo los ha llamado? Ah, sí, *spectrum*, pero en lo relativo a estrategia militar, no tiene ni idea. Sepa que si hacemos fogatas alrededor de nuestro campamento, lo único que haremos será delatar nuestra posición.

—Los *spectrum* saben dónde estamos, las fogatas son para que nosotros sepamos dónde están ellos.

—¿Y qué tenemos que hacer cuando lleguen?

—Parapetarnos detrás de la empalizada y reforzar las zonas que sean presionadas por más *spectrum*.

—No lo entiendo —interrumpió el tribuno—, al decir que los *spectrum* presionarán la empalizada, ¿quiere decir que la atacarán?

—No exactamente, quiero decir que se agolparán sobre la empalizada y la presión que hagan muchos de ellos sobre la empalizada terminará por hacer que esta ceda por el peso y la fuerza que harán varios cientos de *spectrum* empujando al unísono sobre un mismo punto.

—¿Y cómo sabe que nos atacarán de esta forma, y no por ejemplo con la forma tradicional de lanzarnos flechas y asediarnos con catapultas arrojándonos piedras?

—Mi tribuno, ninguno de ellos lleva armas y mucho menos tienen catapultas, tan solo caminan y se abalanzan sobre sus presas para devorarlas, además he visto cómo se detenían ante un muro bajo de piedra, y en vez de saltarlo, simplemente lo han terminado derribando por el peso y la fuerza que ejercían cientos de ellos sobre un mismo punto del muro.

—Sepa, centurión Marcellus, que la empalizada fue construida y reforzada para sufrir el ataque de los bárbaros —exclamó uno de los centuriones presentes.

—Sí, exactamente, está pensada y preparada para sufrir el ataque de los bárbaros, pero no el de los *spectrum*.

Aquella conversación no llevaba a ninguna parte, el responsable de la construcción de la empalizada y del campamento no podía permitir que se pusiera en duda su capacidad para levantar empalizadas y campamentos, y yo, lo único que pretendía que entendieran es que el enemigo al que nos enfrentábamos no era como los enemigos a los que se habían enfrentado las legiones romanas en África, en Hispania, en Germania, en las Galias y en tantos y tantos lugares.

Unos gritos se oyeron desde la zona donde estaba la enfermería. Al principio no se distinguía lo que gritaban, pero su fuerza fue en aumento por la cantidad de personas que vociferaban, por esto salimos de la tienda y nos acercamos corriendo hasta la enfermería. Lo que vimos fue algo que ya había contemplado horas antes. Los legionarios que trajimos heridos con mordiscos muy superficiales o simples arañazos se murieron y se levantaron al poco rato convertidos en *spectrum*. Los *spectrum* se abalanzaban sobre los legionarios y los mordían; bueno, para ser exactos se los comían. Los legionarios afortunados solo eran mordidos, pero algunos fueron literalmente devorados por los *spectrum*.

En poco rato los heridos habían fallecido y luego se habían levantado. Las heridas superficiales de los mordiscos les habían ocasionado la muerte, y eso que a uno de ellos le habían arañado en un brazo, pero ahora era un *spectrum*. Los cuatro legionarios que trajimos con heridas superficiales de mordiscos o simples arañazos eran cuatro *spectrum* y habían mordido o arañado a unos cincuenta legionarios y habían devorado a otros tres. Recuerdo que varios *spectrum* se unieron en grupo y se abalanzaron sobre un legionario, quien viendo que se le acercaban cogió un escudo y les empezó a golpear. Ante esto, grité al resto de legionarios:

—¡Hay que golpearles en el cráneo! ¡Hay que darles muy fuerte en la base del cráneo!

Como ninguno de ellos reaccionaba, cogí la lanza de un legionario que estaba a mi lado y de un golpe certero le atravesé la base del cráneo a uno de los *spectrum*; otro legionario que había estado conmigo aquella mañana en la colina y que al igual que yo tenía algo de experiencia en eliminar a *spectrum*, cogió otra lanza e hizo lo mismo con otro de ellos. De los dos *spectrum* que faltaban, uno fue eliminado por el legionario al que estaban atacando, el cual al oír que tenía que destrozarle el cráneo cogió su espada y le asestó un golpe certero sobre la base del cráneo, y al cuarto, el cual no se había ni inmutado al ver cómo eliminábamos a sus compañeros, le asesté con la lanza un golpe en toda la cabeza.

El panorama que quedó una vez fueron eliminados los cuatro *spectrum* era aterrador. Un total de unos cien legionarios habían sido mordidos o arañados y tres fueron devorados vivos. El tribuno, viendo esto, se dirigió a mí en voz baja para que nadie se percatara lo que me iba a preguntar y dijo:

—¿Qué hacemos ahora?

—Matar a los heridos —le respondí.

—Te has vuelto loco, Marcellus, ¿cómo pretendes que ordene matar a mis legionarios?

—Ya ha visto qué le pasa a los heridos leves, al cabo de unas horas o incluso antes mueren y al poco se levantan como *spectrum*. Hay que matarlos ahora mismo, y hay que hacerlo rompiéndoles o destrozándoles el cráneo.

—¿Y si no lo hacemos?

—Si no los matamos ahora mismo, dentro de unas horas se volverá a repetir esta escena, con la diferencia de que si ahora eran cuatro, dentro de un rato serán cien *spectrum*, y entonces imagínese lo que pasará.

—Muy bien, Marcellus, ya que ha sido idea tuya, encárgate tú. Escoge a varios hombres y mata a esos legionarios.

Recuerdo como si fue ayer lo que pasó por mi cabeza. Aquel tribuno que horas antes había huido como un cobarde cuando se le acercaron en la colina algunos *spectrum*, el mismo que cuando llegó al campamento, en vez de ordenar que saliera una patrulla en nuestro rescate se fue a su tienda a emborracharse, el mismo que instantes antes en su tienda no sabía qué hacer, ahora se desentendía de todo y me ordenaba tomar el mando de varios legionarios para matar a nuestros compañeros.

Queda claro que yo soy un legionario, queda claro que los legionarios tenemos que obedecer las órdenes que nos dan, sean cuales sean, queda claro que los legionarios las tenemos que cumplir a rajatabla, sin pensar, sin preguntar, sin protestar, tan solo obedecemos y actuamos, pero de eso a que el tribuno se encerrase en su tienda y se emborrachase y nos dejara a nuestra suerte, había un gran trecho. Difícil elección se me presentó. Tenía que elegir a varios legionarios para matar, o mejor dicho, eliminar a unos cien compañeros. Dado que me resultaba imposible decidirme por uno u otro, opté por elegir entre los que habían sobrevivido al ataque de la mañana, y también escogí al legionario que se había defendido del ataque cogiendo un escudo. Por suerte para mí, los médicos que habían presenciado lo ocurrido con los primeros legionarios heridos y que vieron cómo morían y se levantaban, por suerte, fueron ellos los que explicaron a los legionarios del campamento que había que matar a los cien legionarios mordidos por los *spectrum*. No voy a explicar cómo lo hicimos, solo diré que hicimos lo que se nos había ordenado, pero o lo hacíamos, o cuando se hubieran convertido en *spectrum*, las cosas hubieran sido peores, así que hicimos lo que teníamos que hacer.

Todos los legionarios del campamento comprendieron que si eran mordidos, aunque fuera una mordedura leve o incluso un simple arañazo, se morirían y se convertirían en esas cosas. No habíamos tenido tiempo de limpiar nuestras espadas de la sangre de los cien legionarios cuando un centurión se me aproximó y me dijo que los *spectrum* se estaban acercando al campamento. Con todo el revuelo que se había montado, apenas se había hecho nada para preparar las defensas. Tan solo se habían puesto algunas antorchas fuera del campamento, y fue por esto que los vieron llegar.

El desconcierto fue generalizado. Nadie sabía qué tenía que hacer. El tribuno se encerró en su tienda, y lo peor es que ninguno de los centuriones se atrevía a coger el mando del campamento en ausencia del tribuno, por miedo a ser acusado de traición. Dada la situación de absoluto caos tomé el mando, y eso que era el centurión más joven, pero a pesar de mi juventud tenía alguna experiencia en el combate contra los bárbaros de Britania, y era de los pocos que había luchado contra los *spectrum*, y aquel día había aprendido mucho de cómo hacerlo.

Reuní a los oficiales y les ordené que los legionarios cogieran su armamento. Distribuí grupos en cada lado del campamento y creé en el centro un grupo de reserva para ir a aquellos puntos de la empalizada en los que hiciera falta. No teníamos tiempo de reforzar la empalizada, pero sí podíamos poner bultos detrás de aquellas zonas de la empalizada donde hubiera más *spectrum*, por ello ordené que todas las carretas y carros fueran cargados con cualquier cosa que pesara, y si no encontraban nada, ordené que les pusieran tierra. Las carretas las utilizaríamos tapando aquellas zonas de la empalizada que cedieran por el peso de los *spectrum*.

Los *spectrum* fueron llegando poco a poco, y para repartirlos por la empalizada para que no se agolparan solo en un punto, a un legionario se le ocurrió hacer lo mismo que hacíamos en Hispania para atraer a los toros bravos, y se puso a picar a lo largo de la empalizada, de esta forma los *spectrum* atraídos por el ruido se fueron repartiendo alrededor del perímetro del campamento.

Llegaron *spectrum* durante toda la noche. Desde luego yo no había visto el día anterior a tantos, por esto me imagino que había más grupos y se concentraron en nuestro campamento. Los *spectrum* nos rodearon por completo. En aquel momento era imposible salir, por esto nos parapetamos. Era el sitio más extraño que había visto nunca, ni los más veteranos recordaban algo similar; siempre que se sitiaba una aldea o un campamento los sitiadores nos quedábamos alejados de las empalizadas para no ser atacados por los sitiados, y el plan siempre consistía en esperar a que se rindiesen o se debilitasen lo suficiente para atacarles. Sin embargo, en aquel sitio los *spectrum* estaban pegados a la empalizada, sin importarles ni nuestras flechas ni nuestras lanzas.

Cuando amaneció y hubo más luz, a algunos legionarios se les ocurrió eliminar desde la empalizada a los *spectrum* que tenían cerca, para ello emplearon pértigas muy largas a las cuales en un extremo ataron un puñal o una espada. De esta forma y durante horas estuvieron con las pértigas, clavando los puñales en los cráneos de los *spectrum*. A mediodía, en su zona habían eliminado varios cientos de *spectrum*, el problema es que los *spectrum* que tenían empujando detrás utilizaban los cuerpos esparcidos por el suelo como rampa, ya que los *spectrum* eliminados se fueron amontonando en el suelo, por ello y viendo aquella situación ordené no matar a más *spectrum* y menos tan cerca de la empalizada, pues en unas pocas horas eliminando *spectrum* se había creado un montón que llegaba a la mitad de la empalizada, y el resto de *spectrum* casi llegaba hasta nosotros.

Uno de los legionarios cogió un arco y flechas y comenzó a lanzarlas contra los *spectrum* que estaban algo más alejados de la empalizada. El problema es que no siempre acertaba en la cabeza, con lo que algunos *spectrum* tenías varias flechas clavadas en los hombros, en la cara o en el pecho, por lo que seguían andando y lanzando unos sonidos insoportables.

Ahora que me doy cuenta, algo que no he comentado todavía es el ruido insoportable que hacían los *spectrum*. Era imposible dejar de oírlo, no sé muy bien cómo lo hacían, pero lo cierto es que los miles y miles de *spectrum* que rodeaban y sitiaban nuestro campamento emitían un ruido que terminaba por colarse en nuestras cabezas, y terminaba por volverte loco.

A uno de los legionarios se le ocurrió taponarse los oídos con cera de abeja, y de esta forma dejó de escucharlos, cuando el resto de legionarios vio que de aquella forma evitaría escuchar el ruido, todos nos pusimos a buscar cera de abeja, y como no había suficiente para todos, terminamos utilizando cualquier cosa, desde pan mojado o grasa, hasta barro.

Las pértigas no habían sido buena idea, pues dejaba los cuerpos al lado de la empalizada y se amontonaban creando rampas que permitían a los *spectrum* estar más cerca nuestro, por otro lado las flechas las descartamos, bueno, mejor dicho, las flechas se terminaron pronto, y aunque es cierto que los arqueros con más experiencia eliminaron a muchos *spectrum*, el problema es que las flechas no tenían demasiada fuerza para perforar los cráneos de los *spectrum*.

A media tarde ordené que utilizaran las catapultas que teníamos en el campamento y comenzaron a lanzar cuencos y recipientes llenos de brea e incluso de aceite. Los lanzaron sobre una misma zona, y cuando hubieron lanzado más de veinte, ordené que disparasen varias flechas con la punta con fuego. Aquello hizo que los *spectrum* a los que había caído encima la brea y el aceite se pusieran a arder. Al poco, los *spectrum* que ardían se caían al suelo consumidos por las llamas. El fuego estaba eliminando a los *spectrum*, pero los veinte recipientes llenos de brea y aceite solo dieron buena cuenta de unos cuarenta o cincuenta *spectrum*, sin duda una minucia frente a los miles que nos rodeaban, y el coste de esa forma de eliminarlos era demasiado elevado debido al elevado precio de la brea y del aceite, con el agravante de que en el campamento no teníamos suficiente brea y aceite para incendiarlos a todos.

La noche cayó y la situación seguía igual, y los nervios de los legionarios estaban al límite. La idea de taponarnos los oídos había resuelto el problema del ruido que hacían los *spectrum* pero eso no había hecho desaparecer el miedo que se leía en los rostros de aquellos soldados. Las legiones romanas habían conquistado toda Europa y gran parte de África, se habían enfrentado a los mejores ejércitos enemigos en cientos de combates y batallas, pero nunca jamás se habían tenido que enfrentar a un enemigo tan diferente a todo lo conocido, se trataba de un enemigo que no se moría porque ya estaba muerto, no se cansaba porque estaba muerto, no necesitaba beber o comer porque estaba muerto, sin lugar a dudas era el soldado perfecto, el único problema es que estaba muerto, o quizá por eso era el soldado perfecto, porque nada ni nadie lo podía matar.

Llevábamos el día entero sin comer y sin apenas beber agua, por lo que ordené que por turnos los hombres comiesen, bebiesen y descansasen. La situación no era diferente a la de cualquier sitio, el enemigo fuera y nosotros dentro. Afortunadamente teníamos provisiones suficientes para varias semanas y agua en abundancia, pues dentro del campamento había dos pozos de agua potable, así pues, dado que el enemigo no nos atacaba ni nos lanzaba flechas, lanzas ni piedras, nuestra situación no era mala del todo. En cada grupo que descansaba, ordené que los médicos los revisaran por si alguno había resultado herido. Aunque era improbable, no estaba de más tomar unas mínimas precauciones, visto lo que había sucedido la noche anterior.

Intenté ir a informar al tribuno, pero su guardia personal tenía orden de no dejar pasar a nadie. Sin duda aquella noche sería muy larga. En mi turno de descanso, un veterano centurión con el que me había corrido buenas borracheras y con el que había entrado en varias ocasiones en combate contra los bárbaros de Britania estaba de oficial de guardia. Un legionario tan experimentado y tan curtido en el combate era el mejor para quedarse como oficial de guardia toda la noche.

Ordené dejar grupos reducidos de legionarios con la orden de vigilar que las empalizadas aguantaran, y si veían el más mínimo indicio de que podían ceder en alguna zona, tenían orden de poner los carros llenos de peso y tierra justo detrás del trozo de empalizada que fuera a ceder, con lo que el resto de legionarios podría descansar aquella noche después de haber cenado. Con todo más o menos controlado, y viendo que los *spectrum* no nos atacarían, me fui a dormir.

A media noche, a pesar de que llevaba tapones en mis oídos, unos gritos me despertaron. Venían de la enfermería. Recuerdo que pensé «otra vez no, no puede haber *spectrum* dentro del campamento». Salí corriendo en dirección a la enfermería y vi lo mismo que la noche anterior, ahora era uno de los médicos el que estaba mordiendo y arañando a todos los legionarios que podía.

Me acerqué a uno de los médicos y le pregunté cómo se había convertido en un *spectrum,* este me explicó que uno de los *spectrum* le había hecho un pequeño arañazo en el brazo, pero no le dieron más importancia, se creían que solo se infectaba aquel al que mordían, pero no a los que arañaban, y menos con un arañazo tan superficial. Como todos llevaban los oídos taponados, nadie lo oyó, y cuando se dieron cuenta ya había mordido e incluso devorado a muchos legionarios.

Con una antorcha me acerqué un poco y conté que había un grupo de cuarenta o cincuenta legionarios mordidos y no sé muy bien además cuántos podían haber recibido arañazos. Di orden al legionario que tenía más cerca de mí de que fuera a avisar tienda por tienda a los legionarios para que se levantaran.

Cuando me quise dar cuenta varios *spectrum* se dirigían hacia mí, afortunadamente Maximus, uno de los legionarios que formaban el grupo que había creado el día anterior, le clavó su espada al primero en toda la cara, y al segundo le partió el cráneo en dos con un golpe certero de espada.

—Maximus —le dije—, ve a buscar al resto de legionarios del grupo y reúnelos en mi tienda, coged escudos y lanzas largas y poneos protección. También reúne a todos los legionarios que veas y dales las mismas órdenes. Quiero que estéis en posición de combate, vamos a tener que eliminar a los *spectrum* que tenemos dentro del campamento, y a todos los legionarios que hayan sido mordidos e incluso arañados. Si no lo conseguimos rápido, ellos nos eliminarán a nosotros.

Si aquellos *spectrum* no eran eliminados enseguida, tendríamos al enemigo dentro y fuera del campamento y entonces sí que estaríamos perdidos.

El desorden y la desorganización eran totales. Intenté ordenar a varios centuriones que hicieran lo mismo que le había ordenado a Maximus, pero ninguno me hizo caso. Me imagino que mientras el enemigo estaba fuera del campamento, y mientras el tribuno estaba encerrado en su tienda, a ellos ya les iba bien que asumiera yo el mando, de esta forma si el tribuno salía de su tienda, a quien acusarían de traición sería a mí, y a ellos no les pasaría nada. El problema es que las cosas habían cambiado, no teníamos al enemigo a las puertas de campamento, sino que lo teníamos dentro.

Viendo que ningún centurión me secundaba, y viendo que cada uno de ellos daba órdenes dispares a sus legionarios, me dirigí a mi tienda. Al llegar vi a unos cien legionarios y tropas auxiliares perfectamente pertrechados y preparados. Sin duda Maximus había cumplido mis órdenes. Me puse delante del grupo y les grité:

—Legionarios, varios de nuestros compañeros se han convertido en *spectrum*, así que ahora ya no son nuestros compañeros, son el enemigo. La forma de matar al enemigo es simple, darles en la cabeza, destrozarles la cabeza. Y sobre todo que no os muerdan y que no os toquen, ni arañen, y si a algunos de vuestros compañeros le muerden o le arañan, entonces… bueno, entonces ya sabéis lo que tenéis que hacer. —Recuerdo que no sabía cómo ordenarles que tenían que matar a sus compañeros heridos—. Tenéis que matarlos, si no al cabo de un rato se convertirán en un *spectrum* y entonces él os intentará matar, así que ya sabéis, cualquier compañero mordido o arañado por un *spectrum* lo tenéis que matar en el mismo momento que veáis que está herido.

Di orden de avanzar justo después de terminar de hablarles, no quería que pensaran demasiado en las palabras que les había dicho, más que nada porque tenían que matar a sus compañeros o estos les matarían a ellos, con que tan solo un *spectrum* los arañase estarían muertos.

Cuando mi grupo de unos cien legionarios llegó cerca de la tienda de la enfermería, lo que vimos era difícil de explicar. Los pocos legionarios que dejé intentado eliminar a los *spectrum* que había eran *spectrum* y la gran mayoría de los centuriones y los legionarios que estaban luchando contra ellos habían sido mordidos. Medio campamento estaba luchando contra un puñado de *spectrum* y estos habían mordido o arañado a la gran mayoría. Poco podíamos hacer, así que ordené a los legionarios que mataran tanto a los *spectrum* como a los legionarios que vieran heridos por mordedura. Así que atacamos a nuestros propios compañeros, legionarios contra legionarios. Bueno, para ser exactos, legionarios contra legionarios mordidos a punto de ser *spectrum*.

Después de casi una hora de batalla mi grupo no había podido reducir el número de legionarios mordidos, encima alguno de mis hombres también había sido mordido o arañado por algún *spectrum*, y al verse heridos, para evitar ser asesinados por sus compañeros, se ponían a luchar contra nosotros.

Maximus se me acercó y me dijo gritando para hacerse oír entre los gritos de los legionarios que luchaban:

—¡No podemos con ellos, nos tenemos que replegar hasta la puerta principal!

—¿Y allí qué haremos? —le pregunté.

—No lo sé, pero está claro que aquí duraremos poco.

—De acuerdo, coge un grupo de legionarios y ve a buscar los carros, y lleva todos los que puedas a la puerta principal. ¡Ah, vacíalos, los necesito sin apenas peso!

—¿Y para qué quieres los carros?

—Se me ha ocurrido una idea.

Seguimos luchando un rato más con la esperanza de que Maximus hubiera podido coger cuantos más carros mejor. En esto que uno de los legionarios llamó mi atención sobre la empalizada que teníamos más cerca.

—Está a punto de ceder —me dijo el legionario—, es como si los *spectrum* que hay al otro lado se hubieran emocionado al oírnos luchar aquí dentro, y se hubieran agolpado todos detrás de esta zona de la empalizada.

—Eso parece —le dije.

Viendo que la empalizada parecía ceder, ordené al grupo y al resto de legionarios que se dirigieran en dirección a la puerta principal. Al alejarnos del combate, los legionarios mordidos se quedaron luchando contra los *spectrum* y esto nos dio un respiro.

Al llegar a la puerta hice que Maximus me revisara de arriba abajo, y le ordené que si encontraba un mordisco o un arañazo de los *spectrum*, me matase. Luego yo hice lo mismo con él. No tuve que dar la orden, cada legionario inspeccionó al que tenía al lado y al revés, después de un rato varios legionarios yacían muertos en el suelo a manos de sus compañeros con la cabeza partida.

—Esta posición es indefendible, así que vamos a salir del campamento, para ello utilizaremos los carros a modo de ariete, abriremos la puerta y saldremos empujando varios carros y esto arrollará a los *spectrum* que haya fuera. Una vez tengamos vía libre saldremos corriendo hasta el camino, y lo tomaremos de vuelta al otro campamento. Antes coged antorchas, comida y agua, y sobre todo armas, y si veis algún caballo, traedlo. ¿A qué esperáis? Id a buscar lo que os he dicho, y no tardéis, ¡nos vamos enseguida!

Cuando fueron regresando los fui inspeccionando uno a uno, la verdad es que no me fiaba de la inspección que acababan de hacerse entre ellos, y así fue, Maximus y yo tuvimos que matar a varios de nuestros compañeros.

—¿Estáis preparados? —les pregunté.

—¿Y el tribuno y el resto de nuestros compañeros? —preguntó angustiado uno de los legionarios.

—No lo sé. Para mí los legionarios que no están aquí, o bien ya son *spectrum*, o bien lo serán pronto.

Es curioso que ninguno de aquellos legionarios protestase por dejar a atrás a sus compañeros. Muchas veces he pensado sobre el hecho de que tal vez muchos de los legionarios que dejé en el campamento no habían sido mordidos, ni arañados y se podían haber salvado, ¿pero cómo saber quién había sido mordido o arañado y quién no? Sin duda a lo largo de mi vida he tenido que tomar decisiones tan difíciles como aquella, pero tal vez por ser la primera vez que tenía que dejar morir a mis camaradas, nunca lo olvidaré.

—Adelante —les ordené.

El plan era sencillo, abrir las puertas de golpe, utilizar los carros como arietes para embestir y apartar a los *spectrum* que pudiera haber al otro lado, y una vez fuera, cerrar la puerta para dejar dentro a los *spectrum* y luego salir corriendo.

La verdad es que funcionó, en parte porque los *spectrum* que había en la puerta se habían desplazado hacia el otro lado de la empalizada atraídos por el combate que se estaba librando en la tienda de la enfermería. Así pues, pudimos salir sin problemas. Una vez fuera, ordené cerrar las puertas, con lo que el campamento se convirtió en un cerco lleno de legionarios mordidos y de *spectrum*.

Viendo que en esa zona había pocos *spectrum* ordené a los legionarios pararse y reagruparse. Sin duda aquella orden los pilló un poco descolocados, pues todos se veían a salvo corriendo hacia el sur, en dirección a Eboracum, esto es, en dirección al campamento principal, el cual, aunque estaba a un par de días de marcha, a buen seguro estaba libre de *spectrum*.

—Agrupaos en formación de combate, vamos a eliminar a todos los *spectrum* que haya por aquí.

—¡Vámonos, son muchos y no podremos con todos! —gritó uno de los legionarios.

—¡Nos iremos cuando yo lo ordene! —exclamé—, y ahora os ordeno eliminar a todos los que podamos. Si los eliminamos ahora, no nos seguirán y podremos irnos sin ser perseguidos. Recordad, usad las lanzas y dadles en el cráneo, y sobre todo, que no os muerdan ni os arañen, utilizad el escudo para separar a los que se os acerquen.

En poco tiempo habíamos eliminado a los pocos *spectrum* que había frente a la puerta, el resto estaba en el otro lado del campamento. En aquel momento entendí que tenía dos opciones, o bien luchar contra aquellos *spectrum* o poner a salvo al grupo de legionarios y de esta forma avisar del peligro que se cernía sobre Britania. Los miré uno a uno y aproveché para contarlos. Del grupo creado el día anterior estábamos todos, y del resto de legionarios había veintidós.

Hacía dos días, el campamento estaba formado por una cohorte de legionarios, y una cohorte de tropas auxiliares, más otras tropas, en total unos mil doscientos legionarios y soldados de las tropas auxiliares. En solo dos días y en un solo combate, unos mil doscientos soldados romanos habían sido eliminados, y lo peor es que no fue por los bárbaros del norte de Britania, sino que fueron eliminados por ellos mismos, y no habíamos sobrevivido más que unos treinta. Después de revisarnos todos una vez más para comprobar que ninguno hubiera sido mordido o arañado por los *spectrum* ordené partir, pero aún nos quedaba un largo camino hasta llegar al campamento en Eboracum.

CAPÍTULO IIII

La creación de Grupo VIIII

Nuestra marcha hasta el campamento no tuvo los sobresaltos de los días anteriores, y finalmente llegamos por la mañana. Tras dos días de marcha nuestro grupo, formado por unos treinta legionarios, estaba reventado, ya que además de haber caminado sin descanso, durante los momentos que paramos para dormir o comer algo no pudimos descansar por la tensión que teníamos acumulada debido a lo que habíamos visto y vivido.

A nuestra llegada fuimos llevados ante el oficial de guardia, y a pesar de que insistí en que varios de los legionarios tenían que ser atendidos por el médico por estar agotados, e incluso aunque varios de ellos parecía que estaban al borde de la locura, no me hizo caso. Dado que no teníamos órdenes de trasladarnos al campamento, y dado que la historia que le estábamos contando no la entendía, decidió arrestarnos, aunque no tenía claro si nos arrestaba por traidores y desertores o lo hacía por borrachos y alborotadores. Fuera como fuera terminamos incomunicados, y yo le tenía que explicar al comandante del campamento el peligro que se nos acercaba.

No podíamos estar incomunicados, pues teníamos que alertar al comandante de la guarnición del peligro que se cernía sobre el campamento y los poblados próximos, por esto insistí en ser recibido por el comandante del campamento. Como nadie me hacía caso, soborné a uno de los legionarios que estaba de guardia, dándole un par de monedas para que hiciera venir al centurión Caracturus.

Después de un buen rato mi viejo amigo Caracturus apareció por la tienda donde nos habían encerrado. Como no sabía por dónde empezar a contarle lo sucedido, lo simplifiqué y le dije que me llevara hasta el comandante, ya que un grave peligro se acercaba al campamento. Sin duda Caracturus era un legionario curtido en muchas batallas, y tal vez por ello cuando oyó las palabras «grave peligro» decidió prestarme atención.

—¿A qué grave peligro te refieres? —preguntó vencido por la curiosidad.

—Eso, amigo mío, te lo explicaré delante del comandante.

—Pues me temo que eso será del todo imposible —me dijo.

—¿Y se puede saber por qué?

—Pues porque el comandante salió la semana pasada en dirección a Londinium para recibir al emperador Adriano.

Londinium, corresponde a la actual ciudad de Londres.

Publio Elio Adriano (Roma, 24 de enero del 76 - Bayas, 10 de julio del 138), conocido oficialmente durante su reinado como Imperator Caesar Divi Traiani filius Traianus Hadrianus Augustus, y Divus Hadrianus tras su deificación, comúnmente conocido como Adriano o emperador Adriano, fue emperador del Imperio romano del 117 hasta el 138. Nació en Roma en el seno de una familia natural de Italia, pero viajó a Hispania en tiempos de Escipión.

Fuente: «Adriano», en http://es.wikipedia.org/wiki/Adriano

—¿Adriano está aquí? —pregunté sin pensar con quién estaba hablando.

—Ve con cuidado, Marcellus —me espetó—. No te tomes tantas confianzas, recuerda que es nuestro emperador. Así que para ti y para mí, es el emperador Adriano. ¿Está claro?

No era aquel el momento para contarle a Caracturus que conocía personalmente a Adriano, ya que él estuvo en Hispania durante unos años y mi madre era muy amiga de su familia, por lo que nos hicimos muy buenos amigos a pesar de que él era mucho más mayor que yo.

—¿Sabes si el emperador ha llegado a Londinium?

—Sí, me consta que está en Britania.

—Caracturus, tienes que ayudarme. Tengo que hablar con quien esté al mando del campamento.

—Pues en estos momentos, el comandante del campamento, por aquellas casualidades, soy yo —me soltó Caracturus.

—¿Tú? ¡No es posible! —le dije.

—Resulta que todos los mandos han ido a recibir al emperador, y yo soy el oficial más veterano. Así que dime, ¿qué está pasando? ¿Qué haces tú aquí?

—Vengo del campamento del norte, donde estábamos destinados. Salimos hace dos días después de ver cómo la guarnición era aniquilada.

—¿Cómo dices? —exclamó Caracturus—. ¡Aniquilados! Pero, ¿aniquilados por quién?, ¿es que los bárbaros del norte de Britania se han levantado en armas?

—Eso es más complicado de explicar.

—¡Pues comienza a explicármelo!

—Fuimos a hacer una descubierta por las proximidades del campamento y nos topamos con un grupo muy numeroso de personas que caminaban de una forma muy extraña. Cuando nos quisimos dar cuenta estaban encima nuestro, y comenzaron a modernos e intentaron devorarnos.

—Bromeas —exclamó Caracturus—. Déjate de bromas, Marcellus.

—Eso no es todo, el problema vino cuando los legionarios que habían sido mordidos se murieron.

—¿Y qué tiene de especial que un legionario muera por las heridas recibidas en el combate?

—El problema es que al momento se levantaban y nos atacaban.

—¿Qué dices?

—Aquellas cosas no son humanas. Caminan y se mueven de forma muy patosa y lenta, pero por mucho que les dispares flechas o les claves la espada, siguen caminando.

—¿Y cómo se las para? —preguntó curioso.

—Con un golpe seco en la base del cráneo.

—Bueno, ¿y cómo ha sido aniquilada toda la guarnición?

—Los *spectrum*…

—¿Qué es eso de *spectrum*? —me interrumpió Caracturus.

—Los *spectrum* son los cuerpos muertos cuando se levantan y se transforman en esas cosas.

—¿Y qué fue de toda la guarnición? Había más de mil legionarios y tropas auxiliares.

—Si un *spectrum* te araña o te muerde, al poco rato te mueres —le expliqué—. Si te muerden varias veces, mueres más rápido que si solo te hacen un arañazo o un rasguño superficial, tardas algo más en morir y transformarte en *spectrum*. El problema es que esto último no lo sabíamos, y cuando regresamos al campamento varios de los legionarios tenían pequeños arañazos, y por la noche se murieron y se transformaron en *spectrum* y atacaron a los que estábamos dentro. Después de unas horas de lucha, la gran mayoría de los legionarios habían sido devorados, mordidos o arañados. Por esto decidimos salir del campamento y cerramos las puertas encerrando a todos los *spectrum* que pudimos dentro.

—¿Y esos *spectrum* no saben abrir la puerta para salir del campamento? —preguntó Caracturus.

—Por no saber, no saben ni saltar un simple muro de unos pocos pies de altura —aseveré—. Son tontos y se comportan como ganado.

Mi viejo amigo Caracturus, dado que estaba al mando de aquel campamento, dudaba de si tratarnos como a unos locos o como a desertores. Tal vez por la cara de locos que tenían algunos de los legionarios que había logrado salvar, tal vez por eso, ordenó enviar una patrulla para inspeccionar el camino, y llegar hasta la posición que ahora estaba ocupada por miles de *spectrum*.

Muy a mi pesar tuve que acompañar a la patrulla, por esto seleccioné a algunos de los hombres que se habían librado de ser convertidos en *spectrum*, y aunque Caracturus estaba como oficial al mando, decidió acompañarnos.

A pesar de que estábamos muy cansados yo mismo propuse salir a mediodía, de esta forma aún podíamos aprovechar la luz de la tarde y media jornada de marcha. La expedición la componíamos doce legionarios, entre ellos el legionario Maximus y el centurión Caracturus. Decidimos llevar cada uno dos caballos, de esta forma podríamos avanzar más rápido, ya que cuando uno de los caballos estuviera cansado, nos cambiaríamos al otro.

El primer día cabalgamos hasta bien entrada la oscuridad, e hicimos noche al lado del camino, eso sí, encendimos varios fuegos que rodeaban el campamento que habíamos montado. Antes del amanecer ya habíamos partido.

Durante la mañana siguiente no divisamos a ningún *spectrum* y no fue hasta pasado el mediodía que comenzamos a ver a algunos que deambulaban como perdidos, ya fueran solos o en pequeños grupos. Al principio nos dedicamos a eliminarlos, pero dado que perdíamos mucho tiempo en aniquilar a los pequeños grupos de *spectrum* que veíamos, ordené no detenernos cuando viésemos a más *spectrum*. A primera hora de la tarde llegamos al campamento. Desde lejos pudimos observar que la empalizada no había cedido, por lo que nuestros compañeros, ahora transformados en *spectrum*, a buen seguro que seguían dentro. Para nuestra sorpresa, al acercarnos al campamento pudimos ver una gran cantidad de *spectrum* en el suelo, desde lejos se apreciaba que alguien les había reventado literalmente el cráneo, y digo reventado porque sus cabezas estaban partidas en dos o simplemente destrozadas. A pesar de que habíamos eliminado durante el día a algunos *spectrum*, la cara de Caracturus decía sin duda que no se creía lo que estaba viendo, y eso que era un legionario veterano y experimentado en muchos combates, asimismo las caras del resto de los legionarios eran una prueba de que aquello se tenía que ver para ser creído, y aun así era difícil de creer, los *spectrum* que nos habíamos ido encontrando por el camino no habían sido prueba suficiente para que aquellos incrédulos legionarios se creyesen lo que estaban viendo, pero al ver el campamento rodeado de *spectrum* que yacían en el suelo, la cosa cambió, y su incredulidad se convirtió en perplejidad.

—¿Y ahora qué hacemos? —preguntó Caracturus.

—Nos acercaremos más para ver si hay algún superviviente —le dije.

—¿Supervivientes? Es imposible que haya sobrevivido nadie —aseveró Caracturus—. Mira el suelo, está lleno de muertos.

—Esos no son legionarios muertos —le corregí—, eso son *spectrum* a los que alguien ha destrozado la cabeza y ha eliminado. Es por esto que quiero acercarme para comprobar si queda algún legionario con vida.

—Yo creía que tú y los legionarios que te acompañaban erais los únicos supervivientes.

—Y yo también.

Para no llamar la atención de los *spectrum* decidí que Maximus y yo nos acercaríamos con mucho cuidado para inspeccionar de cerca cuál era la situación, y cómo no, Caracturus se apuntó al grupo. Recuerdo que comentó que no podía dejar que fuéramos solos, no fuera que nos pasara algo. Comenzamos a dar una vuelta alrededor del campamento, y para evitar ser vistos por los *spectrum* avanzamos por entre los arbustos y la maleza, y cuál fue nuestra sorpresa cuando oímos unos ronquidos. No es que en aquella época supiera mucho sobre los *spectrum* pero no podía imaginarme durmiendo y mucho menos roncando a una de aquellas cosas. Al separar unas ramas vimos a dos legionarios plácidamente dormidos al cobijo de los arbustos. Mi primera reacción fue despertarlos a patadas, pero Maximus debió adivinar mis intenciones y se me adelantó, y se aproximó al que teníamos más próximo a nosotros, y con suavidad le tapó boca y lo despertó. Este al despertarse pegó un brinco y antes de que pudiéramos darnos cuenta, había derribado a Maximus de un empujón.

—¡Por todos los dioses! —exclamó el legionario—. Centurión Marcellus, ¿también te has salvado?

—Sí, Protus —le respondí—. Me alegro de que tú también estés a salvo.

Protus era un legionario que no pasaba desapercibido, era el más alto de la Legio VIIII Hispana, y también el más corpulento. El otro legionario se despertó y antes de que pudiera decir algo, Caracturus, que se había puesto a su lado, le tapó la boca.

—Tranquilo, legionario —le dijo en voz baja Caracturus—. Dinos quién eres, pero recuerda, habla en voz baja.

—Soy Espolonius. Cuando regresé de una patrulla fuimos sorprendidos por esas cosas, suerte que Protus me salvó matándolas, si no, hubiera terminado como el resto de los legionarios con los que había salido a patrullar.

—¿Tú eres el que se ha cargado a todos esos *spectrum* que hay esparcidos por el suelo con la cabeza reventada? —le pregunté a Protus.

—Si por *spectrum* te refieres a esas cosas… ¡pues sí, me los he cargado yo! Al principio les clavaba mi espada, pero no les hacía efecto, así que comencé a darles con mi maza. —Mientras Protus hablaba, con un movimiento ágil y rápido cogió de entre los arbustos una maza inmensa de madera reforzada con metal—. A una de esas cosas le di en toda la cabeza y cayó en seco al suelo, así que al resto fue lo mismo. Al final paré porqué estaba agotado, y fue cuando llegó Espolonius, y continuamos dándoles si parar.

—Sí, Protus con su maza, y yo con este hacha que llevaba uno de los legionarios con los que había salido de patrulla. Él le daba con la maza en la cabeza, y yo a otros con el hacha les destrozaba el cráneo. Así hemos estado varios días. Por cierto, ¿tenéis algo de comer?

Estábamos absortos con las explicaciones cuando sin saber muy bien cómo, un *spectrum* salió de entre los arbustos y se abalanzó sobre mí. Aunque intenté evitarlo, era demasiado tarde, la boca del *spectrum* se había abierto de una forma inhumana con la clara intención de morderme. Los legionarios romanos sabemos enfrentarnos al peligro y no nos dejamos vencer por el miedo, pero lo que recuerdo es que cerré los ojos y puse mi brazo para pararlo, sin duda fue un movimiento reflejo, ya que ahora que lo pienso, si aquel *spectrum* me hubiera arañado aunque solo hubiera sido de forma superficial en mi brazo, yo hubiera muerto al cabo de unas horas, o en el mejor de los casos, en ese mismo momento a manos de Maximus. Cuando abrí los ojos vi al *spectrum* que hacía un instante me había estado a punto de morder en el suelo y con una flecha clavada en la cabeza. Ninguno de mis compañeros nunca me comentó nada de la cara que puse en ese momento, ni tampoco de mi reacción al ver aquel *spectrum* casi encima mío, pero sin duda mi reacción no fue la propia de un legionario.

—¡Ah, sí! Faltaba presentaros a Sigilis —Protus extendió el brazo y con un dedo señaló un árbol del que estaba descendiendo un legionario—. Él estaba de guardia en aquel árbol, y por esto nosotros decidimos descansar un poco, ¡es por esto que nos habéis pillado durmiendo!

Un joven legionario se acercó a nosotros con mucho sigilo para no ser visto por los *spectrum*. Sin duda era un arquero, y no solo por la certera flecha que le había ensartado en la cabeza a aquel *spectrum* y que me había salvado la vida, además llevaba todo el equipo necesario.

—Bonito arco —le dije al joven legionario.

—Te ha ido de muy poco, centurión Marcellus —aseveró Sigilis.

—¿De qué me conoces?

—La semana pasada llegué a Britania a la Legio VIIII Hispana procedente de Hispania, y tenía pensado venir a saludarte, pero no me fue posible. Yo nací cerca de tu aldea, y mis padres conocen a los tuyos. Me dijeron que me pasara a saludarte y que te dijera que están todos bien.

Sin duda Sigilis me traía noticias muy buenas, aunque el momento y la situación no eran los más indicados para hablar de cómo estaba mi aldea y mi familia, por lo que esa conversación la tuvimos más tarde.

—No sabía que se siguieran reclutando hombres de Hispania para la Legio VIIII —le dije.

—No se hacen reclutamientos para la Legio VIIII ni para ninguna otra desde que os fuisteis, el vuestro fue el último, yo fui reclutado porque domino el uso del arco, y por lo visto los romanos necesitan buenos arqueros.

—¿Cuántos más vinieron contigo de Hispania? —le pregunté.

—Veinticinco, aunque a este campamento solo nos enviaron a mí y a otro, el problema es que después del lío que se montó aquí el otro día, ya no lo he vuelto a ver.

—¿Qué edad tienes, legionario? —le preguntó Caracturus.

—No estoy muy seguro, pero creo que dieciséis o diecisiete —respondió Sigilis.

—Yo creía que la edad mínima para entrar en la legión era de dieciocho años —le espetó Espolonius.

—Sí, y yo también —respondió Sigilis—, el problema es que Roma necesita arqueros y por eso estoy aquí.

Los seis estábamos ocultos entre los arbustos, pero no podíamos seguir allí mucho rato más, de otro modo corríamos el riesgo de ser descubiertos y atacados por los *spectrum*.

—Tenemos que explorar el perímetro del campamento para ver cuántos *spectrum* hay.

—Eso te lo puedo decir yo mismo —dijo Sigilis—. Apenas queda un centenar, poco más, poco menos, los que había los hemos ido eliminado. El resto está encerrado dentro del campamento, allí dentro no sé cuántos puede haber.

—Eso te lo puedo decir yo —le interrumpí—. Hay algo más de mil legionarios y soldados auxiliares, calculo que unos mil doscientos, y ahora todos esos legionarios son *spectrum* que tenemos que eliminar, porque si rompen la empalizada y salen serán mil doscientos *spectrum* que podrán atacar a cualquiera.

—Lo que no entiendo es dónde están los miles de *spectrum* que hace unos días rodeaban el campamento —expuso Maximus.

—Me imagino que cuando los legionarios del campamento se convirtieron en esas cosas, sus compañeros se fueron a otro sitio a buscar carne humana.

—Marcellus, ¿qué propones que hagamos? —preguntó Caracturus.

Recuerdo que antes de que pudiera responder, Protus preguntó:

—Entonces, de vosotros dos, ¿tú, Marcellus, eres el centurión que está al mando?

—Aquí nadie está al…

No tuve tiempo de terminar la frase, cuando Caracturus intervino:

—¡Sí! Marcellus está al mando de este grupo.

—Bueno dejemos eso ahora y centrémonos en lo que tenemos que hacer —proseguí—. Primero intentaremos eliminar los *spectrum* que veamos por fuera del campamento; una vez lo hayamos hecho, Caracturus y alguno de vosotros, volveréis al campamento y dado que él está de oficial de guardia, no le será difícil traer lo que precisamos.

No había terminado cuando oímos unos gritos que provenían de la zona donde habíamos dicho que nos esperasen los legionarios que nos habían acompañado. La verdad es que me había olvidado por completo de ellos, por esto nos dirigimos corriendo en su ayuda. Al llegar donde estaban, uno de ellos había sido mordido y los otros lo miraban con recelo. Me habían oído hablar con Caracturus qué le sucedía a los mordidos y qué había que hacer con ellos. Sin que pudiera hablar, Maximus le clavó su espada en el cráneo y el legionario cayó al suelo, y acto seguido hizo lo mismo con los *spectrum* que le estaban atacando.

—Las órdenes son claras, a todos aquellos que los *spectrum* muerdan o arañen, sus compañeros los matarán en ese mismo momento de un golpe en la cabeza —les dije.

Los *spectrum* nos habían visto y se dirigían hacia donde estábamos. Por esto les dije:

—Bueno, vamos a cargárnoslos a todos. No dejemos a ninguno en pie.

Los *spectrum* se acercaban en grupos reducidos, por lo que nos fue bastante fácil eliminarlos a todos. Después de un buen rato que no recuerdo muy bien cuánto duró, habíamos eliminado a los que había fuera del campamento.

Dado que estaba comenzando a anochecer, ordené que nos subiéramos a los árboles y pasáramos la noche subidos en ellos para de esta forma estar fuera del alcance de los *spectrum*. Para evitar caernos mientras dormíamos nos atamos con cuerdas y dejamos sueltos a los caballos para evitar que fueran atacados por los *spectrum*. La idea se me ocurrió al ver cómo Sigilis estaba encaramado en un árbol y los *spectrum* no le podían hacer nada, ya que no podían o no sabían trepar a los árboles. El problema es que aquella noche no cenamos nada, pero por lo menos pudimos descansar algo.

Al día siguiente, antes de que hubiera amanecido, todos estábamos despiertos, la verdad es que atados en lo alto de un árbol era difícil dormir. No sé si aquella noche pasó por debajo nuestro algún *spectrum*, lo que sí sé es que todos estábamos vivos.

—El plan es el siguiente —les dije—. Caracturus y los legionarios que nos han acompañado volverán al campamento y traerán refuerzos, además de todas las tinajas con brea y con aceite que encuentren y toda la grasa de animal que puedan.

—¿Y para qué quieres tanta brea, aceite y grasa de animal? —preguntó Caracturus.

—¡Pienso incendiar el campamento!

—¿Con los mil doscientos *spectrum* dentro? —preguntó Caracturus.

—Sí, de esta manera los eliminaremos a todos.

Las órdenes estaban claras, así que Caracturus partió con los ocho legionarios que quedaban con vida. Cada uno de ellos solo llevaba un caballo, ya que nos dejaron los caballos que habíamos traído de más por si encontrábamos a más legionarios con vida.

Durante los días que estuvimos esperando el regreso de Caracturus hicimos batidas por las proximidades del campamento eliminando todos los *spectrum* que veíamos. Cada uno de nosotros digamos que fue desarrollando su técnica. Sigilis con el arco, Protus con la maza y Espolonius con el hacha, Maximus y yo con la espada y la jabalina. Más adelante yo mismo me preparé una espada especial, por lo que siempre llevaba dos espadas, mi gladius hispaniensis y otra que era el doble de larga, de esta forma evitaba ser alcanzado por los *spectrum*. También recogimos el equipo de nuestros compañeros muertos o eliminados y lo aprovechamos para ponernos encima todo el cuero y las placas de metal que pudimos, de esta forma nos blindamos para que si un *spectrum* nos intentaba morder o arañar, las protecciones evitaran que llegasen tan siquiera a rozarnos y menos a herirnos. Si bien es cierto que el peso que cargábamos al blindarnos limitaba nuestros movimientos y esto nos restaba agilidad y velocidad, lo cierto es que los *spectrum* no se caracterizaban por su agilidad ni mucho menos por su velocidad, por lo que era mejor llevar blindaje, aunque ello representara cargar con más peso, que no ser más ágiles a costa de ser más vulnerables.

En una de las batidas vimos varios *spectrum* en el suelo con el cráneo partido. Tanto Protus como Espolonius me aseguraron que ellos no habían sido, y Sigilis dijo que él los eliminaba con flechas, además ninguno de ellos había llegado tan al norte, por lo que estaba claro que aquellas muertes habían sido fruto de algún legionario o de algún aldeano. Después de buscar posibles supervivientes desistimos al no ver a nadie, por lo que decidimos regresar. De vuelta, en el camino de regreso vimos a lo lejos a dos legionarios montados a caballo y desde sus monturas, con las jabalinas, iban asestando certeros golpes en los cráneos de los *spectrum*. Nos acercamos y les ayudamos eliminar uno a uno a todos los *spectrum*.

Aquellos dos legionarios eran invencibles desde sus caballos, y eso que a simple vista parecían más vulnerables, sin embargo su sistema era diferente e ingenioso, desde el caballo se alejaban y acercaban lo suficiente a cada *spectrum* y cuando se agrupaban varios de ellos, simplemente se alejaban con el caballo, además para evitar ser mordidos o arañados llevaban las piernas y los brazos cubiertos con cuero. Era el mismo sistema que utilizábamos en Hispania cuando salíamos a la dehesa para torear a los toros bravos, nos montábamos en los caballos y nos acercábamos y alejábamos de los toros para evitar ser embestidos y que sus cuernos nos hiriesen o hiriesen al caballo. Cuando los hubimos eliminado a todos, los dos jinetes se nos acercaron.

—¿Centurión Marcellus? —preguntó uno de los jinetes.

—Sí —respondí—. ¿Tú quién eres, legionario?

—¿No me reconoces?

La verdad es que entre los nervios de la batalla eliminando *spectrum*, el cansancio acumulado y que aquel legionario llevaba la cara sucia y sudada, al principio no lo reconocí.

—Soy Tiberius.

El otro legionario, que también había desmontado de su montura, se acercó a nosotros y dijo:

—Y yo soy Vitus.

—¡Por todos los dioses! No te había reconocido, Tiberius. ¿Pero qué haces tú en este campamento?

—Vitus y yo teníamos la misión de traer órdenes al campamento en relación con la llegada del emperador Adriano, y cuando llegamos nos encontramos con todo esto.

—¿Y cómo es que no volvisteis a tu campamento para informar de lo sucedido? —le pregunté.

—El centurión que estaba al mando de la patrulla regresó con varios jinetes y a nosotros nos ordenó que permaneciéramos por los alrededores por si había supervivientes, y que esperásemos los refuerzos.

—¿Y qué fue del centurión? —le pregunté extrañado.

—Pues no lo sé —me respondió Tiberius—, lo cierto es que ha tenido tiempo más que suficiente de regresar al campamento y venir a buscarnos con refuerzos.

—¿Quién os ha enseñado a eliminar a los *spectrum*? —preguntó Protus.

—¿*Spectrum*? —preguntó extrañado Tiberius.

—Sí, hombre, a esas cosas —matizó Protus.

—¡Ah, a los caminantes! Pues al principio les clavábamos las espadas y las jabalinas en el pecho, pero seguían caminando, hasta que por casualidad Vitus se la clavó en la cabeza y aquel caminante o *spectrum* como tú lo llamas se cayó al suelo y no se volvió a levantar, así que una vez descubrimos su punto débil fue mucho más fácil.

—¿Habéis visto a más supervivientes? —preguntó curioso Sigilis.

—El primer día vimos algún que otro legionario despistado —respondió Tiberius—, incluso nos acercamos en varios ocasiones al campamento y oímos los gritos de algunos legionarios que pedían auxilio desde dentro, pero desde hace unos días no hemos visto a nadie hasta que habéis llegado vosotros.

—¿Cuántos sois vosotros? —preguntó Vitus.

—Los que ves y Caracturus, que ha ido a buscar al campamento varias cosas para eliminar a todos esos *spectrum*.

Tanto Tiberius como Vitus eran de mi aldea, por eso para eliminar a los *spectrum* utilizaban el sistema de seguir a los toros bravos que usábamos en nuestra aldea de Hispania. Ellos se habían alistado a la legión mucho antes que yo, por esto fui yo quien les puso al corriente de las nuevas que había en nuestra aldea, y también Sigilis.

Nos decidimos a pasar una segunda noche. En esa ocasión, Tiberius y Vitus nos llevaron a una cueva que estaba elevada a la que los *spectrum* no podían acceder, y una noche más pudimos dormir sin problemas. Incluso pudimos cenar, porque compartimos las provisiones que les quedaban y bebimos el poco hidromiel que teníamos. Aquella cena nos sentó de maravilla, ni todos los dioses hubieran hecho que cenásemos mejor, o tal vez era el hambre que llevábamos que hizo que cualquier cosa nos supiera a gloria. Además de estar a salvo de los *spectrum* en aquella cueva, habíamos conocido a otros legionarios que habían aprendido a combatirlos, aquello me dio esperanzas, y recuerdo que pensé que tal vez habría más legionarios con vida desperdigados. A la mañana siguiente fuimos al campamento y vimos que Caracturus había llegado aquella noche y había traído todo lo que le había pedido.

—Tal como me pediste, aquí tienes las tinajas que había en el campamento, además me he traído a Marco.

—¡Ave, Marcellus!

—¿Qué haces tú aquí?¿Sabes dónde te estás metiendo? —le pregunté.

—Como Caracturus se ha llevado todo el aceite y toda la grasa de animal no me ha dejado demasiado con qué cocinar, así que un cocinero que se precie de hacer bien su trabajo tiene que estar con su aceite, y he decido venir hasta aquí para daros bien de comer.

Viendo que Marco parecía no saber nada de lo que estaba sucediendo, miré a Caracturus y ambos comprendieron lo que pasaba.

—Tranquilo, Marcellus —dijo Marco—, Caracturus me lo ha explicado todo.

El plan era simple y claro, se trataba de lanzar en el interior del campamento toda la brea, el aceite y la grasa de animal de que disponíamos, intentando que quedase repartido por el campamento de la forma más uniforme posible, y acto seguido le prenderíamos fuego, con lo que el campamento ardería y los *spectrum* que habían dentro morirían quemados.

—Dime, Caracturus, ¿cómo ha ido por el campamento? —
le pregunté—. ¿Has tenido algún problema?

—Lo cierto es que no. Todos están muy preocupados por la
llegada del emperador Adriano a Britania. Es como si los mandos se hubieran olvidado de todo y solo pensaran en saludar al
emperador. Por lo que me han comentado, en todos los campamentos los mandos han partido a Londinium para dar la bien-
venida al emperador Adriano, por lo que en estos momentos
los campamentos están comandados por centuriones o incluso
rangos inferiores.

—Bueno, tal vez sea mejor así, de esta forma podremos eliminar a los *spectrum*. Ya tendremos tiempo de informar.

Puede parecer mentira, pero ningún alto mando de la Legio
VIIII Hispana se había enterado de la existencia de los *spectrum*, o si había alguno que sabía de su existencia, parecía no
darle demasiada importancia a ese asunto, ya que transcurri-
dos varios días no había llegado nadie hasta aquel lugar inte-
resándose por la suerte que había corrido el campamento y por
los cerca de mil doscientos soldados, entre legionarios y tropas
auxiliares, que habían muerto.

Durante toda la mañana estuvimos lanzando las jarras de
brea, aceite y la grasa de animal en el interior, para ello uti-
lizamos improvisadas catapultas que fabricamos con ramas
flexibles de árboles, esto nos permitió lanzar las tinajas con
más precisión, y a una mayor distancia. No oímos el grito
de auxilio proveniente del interior del campamento de ningún legionario, lo cual atestiguaba que mis antiguos compañeros y amigos eran *spectrum*. Para llevar a cabo mi plan,
siguiendo mis indicaciones, cada uno de los nueve se situó
a cierta distancia del otro, con lo que rodeamos el perímetro del campamento y de esta forma comenzamos a lanzar al
interior antorchas encendidas, con lo que la brea y el aceite
prendió rápidamente.

Dado que habíamos lanzado la brea y el aceite en la parte central del campamento, el fuego comenzó a devorar las tiendas y todos los *spectrum* que había cerca de ellas comenzaron a arder. No tenía demasiado claro que el fuego los eliminara, pues como habíamos podido comprobar la única forma de destruir a un *spectrum* era destrozándole el cráneo, dándole un golpe de maza o clavándole la espada en la cabeza.

El campamento estuvo ardiendo toda la tarde y toda la noche. Durante ese tiempo tuvimos que soportar, además de un hedor insufrible a carne podrida quemada, los ruidos que los *spectrum* lanzaban. Nunca he entendido cómo una cosa muerta puede hacer esos ruidos, pero llegaban hasta nuestro cerebro, hasta el punto de hacernos volver locos a todos.

Pasamos la noche en vela atentos de que la empalizada no cediese y se escaparan los *spectrum*. Afortunadamente, no cedió. Sin duda el oficial encargado de la construcción de la empalizada del campamento podía estar muy orgulloso de su trabajo, aunque yacía carbonizado en el interior de su obra.

A la mañana siguiente las llamas habían ido descendiendo, así como los ruidos emitidos por los *spectrum*, con lo que dedujimos que una gran mayoría se había quemado, por lo que ordené entrar en el campamento para terminar lo que habíamos venido a hacer. Los nueve nos dirigimos a la puerta principal y entramos, eso sí, cerrando la puerta una vez estuvimos dentro. El campamento estaba lleno de cuerpos de *spectrum* inmóviles en el suelo. Unos pocos seguían en pie, por lo que nos fue muy sencillo terminar con ellos. Para evitar sustos, los nueve nos pusimos las protecciones tanto en las piernas y en los pies como en los brazos, manos y en el cuello, así como en el pecho y en la cabeza.

Una vez hubimos terminado el trabajo salimos del campamento cerrando la puerta y fuimos a la cueva donde habíamos hecho noche hacía dos días, y dado que ya no nos quedaba nada para cenar, Sigilis salió a cazar con su arco. Antes del anochecer regresó con varias aves y varios conejos, y gracias a la pericia como cocinero de Marco aquella noche cenamos como emperadores, mucho mejor de lo que habíamos cenado hacía dos noches, aunque como llevábamos oliendo la carne podrida quemada de los *spectrum* durante tanto tiempo lo cierto es que ese olor no nos lo sacábamos, por lo que la carne que comimos nos supo a carne podrida quemada de *spectrum*.

A la mañana siguiente agrupamos los caballos y los nueve, así como los legionarios que habían ayudado a Caracturus a traer las tinajas con el aceite, nos volvimos al campamento. Durante todo el trayecto estuvimos expectantes por si veíamos algún *spectrum*, pero no vimos ninguno. ¿Tal vez los habíamos eliminado, o tal vez aquello solo había sido un mal sueño del que despertaría en cualquier momento?

CAPÍTULO V

Encuentro con el emperador Adriano

Me sabréis disculpar, ya que he suprimido bastantes páginas del diario, y no por ser poco interesantes, sino más bien para no alargar demasiado el relato y centrarme en lo que creo que más puede interesaros.
Resumiendo las páginas que no incluyo, básicamente, según cuenta mi antepasado, volvieron al campamento y lo explicaron, pero no todos les creyeron. El comandante, después de tener que demostrárselo, acabó por creerles. Por aquellas fechas el emperador Adriano estaba de visita en Britania, y dado que mi antepasado lo conocía en persona, aprovechó la amistad que les unía e intentó verlo para explicárselo.

Después de días de marcha llegamos a Londinium, donde estaba el emperador Adriano. En mi juventud tuve la suerte de conocerlo, y yo me atrevería a afirmar que además tuve la suerte de ser su amigo, todo ello gracias a que la familia de mi madre y la suya eran muy amigas. Aunque él era mucho mayor que yo, siempre me vio como a un hermano pequeño, y además, dado que yo conocía mi tierra, fui quien le enseñó Hispania. Bueno, para ser más preciso, fue mi padre quien le sirvió de guía y yo les acompañaba.

Mi infancia en Hispania fue sin duda diferente a la del resto de niños de mi aldea, y solo muchos años más tarde me he dado cuenta de lo importante que fueron para mí las lecciones que me impartía mi madre sobre diversos temas. Además, dado el origen romano de la familia de mi madre, esto me convirtió en ciudadano romano con las ventajas y privilegios que ello suponía, y dado que la familia de mi madre era de patricios, esto es, una de las familias fundadoras de Roma, esto me permitió conocer a un gran número de romanos, cuya amistad, años más tarde y a lo largo de mi vida, me sirvió para desarrollar mi labor.

Todos los intentos para ser recibido por el emperador fueron inútiles: o bien no le entregaban mis mensajes o bien estaba demasiado ocupado para recibirme, pero esto último era del todo imposible, sin duda nuestra amistad era lo suficientemente grande como para que el emperador encontrase un momento y me saludara, aunque fuera por unos instantes, yo sólo precisaba ese tiempo para explicarle la situación.

Los días pasaban y a pesar de los mensajes que le había hecho llegar no había forma de ser recibido por Adriano, y sin duda el tiempo corría en nuestra contra. Ya hacía unas semanas desde la quema del campamento, y yo tenía muy claro que a buen seguro había *spectrum* sueltos por los caminos de Britania, por lo que era cuestión de tiempo de que una de esas cosas atacase a alguien.

Una noche conocí en una taberna a un esclavo que fanfarroneaba diciendo que servía el vino al emperador. Aquella era la única oportunidad que se me había presentado en muchos días, por lo que decidí entablar conversación con él, y después de varias jarras de vino barato me había hecho amigo suyo. Era un liberto, esto es, un esclavo que había sido liberado por su amo, en este caso el emperador Adriano. Como decía mi abuelo, todo hombre tiene un precio, así que me dediqué a buscar el precio de aquel liberto con el propósito de que le entregase al emperador un anillo. Se trataba de una joya de gran valor económico y de un gran valor sentimental, ya que pertenecía a la familia del emperador. El mismo Adriano me lo regaló antes de su marcha de Hispania y me comentó que lo guardase en recuerdo suyo. Durante años lo había guardado sin hacerle demasiado caso, pero antes de mi partida hacia Britania decidí cogerlo con la clara convicción de que a buen seguro algún día me haría falta, y así fue. Después de entregarle al liberto una buena suma de monedas, le hice depositario del anillo y de una nota para el emperador. Aquella no sé si era mi última oportunidad de hablar con el emperador, pero era la mejor de las que había tenido hasta el momento, más que nada porque era la única.

Al día siguiente permanecí en mi tienda durante todo el día con la vaga esperanza que el emperador me llamase, pero no fue así. Desanimado y enfadado porque el liberto no había cumplido con lo pactado volví a la taberna donde la noche anterior había negociado el acuerdo frustrado, después de esperar largo rato vi entrar al liberto acompañado de dos hombres. Conforme se aproximaron a mí pude distinguir que uno de los acompañantes era mi amigo Adriano. Al verlo, mi primera intención fue saludarlo efusivamente, pero al ver mis intenciones, se acercó a mí, me cogió del brazo, y me dijo:

—No creo que sea demasiado conveniente que grites aquí mi nombre. No sé cómo reaccionarían algunos de los presentes.

El liberto nos llevó a la parte trasera, donde estaba el almacén de la taberna, y corrió una cortina que servía de puerta, con lo que ya podíamos hablar.

—¡Querido amigo, cuánto tiempo sin tener noticias tuyas! —exclamó Adriano.

—Sí, ha pasado mucho tiempo desde la última vez que nos vimos y nos despedimos en Tarraco —le respondí.

—Veo que guardaste el anillo que te regalé. —En ese mismo instante Adriano sacó el anillo y me lo devolvió—. Quiero que lo sigas guardando tú, amigo mío.

Nos acomodamos en un rincón del almacén haciendo servir unas cajas de madera como asientos.

—Ya sé que tenemos mucho de que hablar, pero sin duda hay un tema más importante. —Adriano hizo una breve pausa para tragar saliva y prosiguió—: Cuéntame, ¿qué está pasando?

Por lo visto Adriano había sido informado y conocía la existencia de los *spectrum*, por lo que pude ir directamente al asunto sin tener que perder el tiempo intentando convencerlo de la presencia de muertos que caminaban.

—Todo empezó hace unas semanas, cuando…

No pude comenzar mi relato porque Adriano levantó su mano derecha indicándome que me callara.

—Disculpa que te interrumpa, Marcellus, antes de nada deseo presentarte a Liu Hu.

Con las prisas de entrar en el almacén, y con la emoción del reencuentro con mi viejo amigo, me había olvidado por completo del otro hombre que acompañaba al emperador. Al llevar capa y una especie de capucha no me había fijado en él, pero al ser presentado por Adriano se sacó la capucha y dejó ver su rostro. Tenía los rasgos de un bárbaro, con los ojos rasgados y la cabeza pequeña. En alguna ocasión había visto algún esclavo que se parecía bastante al amigo del emperador, pero aquel hombre era diferente.

—Liu Hu —prosiguió Adriano— es un enviado del emperador de la China. Su misión durante todos los años que ha estado a mi servicio ha sido la de asesorarme sobre los muertos que no mueren. El emperador An Di envió a varios emisarios a todos los reyes, gobernantes y emperadores de Occidente con el claro propósito de informar y asesorar sobre los muertos que no mueren. La verdad es que hasta ahora no le había hecho mucho caso, y la única explicación de que siguiera a mi lado es que el emperador An Di me envía cada año un suculento presente compuesto de oro y piedras preciosas, la única condición de que me envíe cada año su presente es que Liu Hu me ha de acompañar en todos mis viajes y ha de ser informado de cualquier situación extraña o fuera de lo normal que suceda en el Imperio. Son muchos los que me habían advertido de que en realidad Liu Hu podría ser un espía enviado por el emperador An Di para conocer nuestros secretos, pero aun así siempre había creído que algún día me sería de utilidad. —Adriano hizo una pausa para tomar aire y prosiguió—. Y me temo que estaba en lo cierto.

Recuerdo que mientras Adriano hablaba me fijé con más detalle en Liu Hu. Era curioso ver a un bárbaro vestido con ropas de romano, y más cuando sus rasgos eran tan diferentes a los nuestros. Por ejemplo, es difícil saber si yo, que tengo sangre romana e hispana soy ciudadano romano o no lo soy, y más si voy vestido con vestimentas romanas, pero en el caso de Liu Hu, su cara y sus rasgos lo delataban.

—Por favor, honorable Marcellus —dijo Liu Hu—, explíqueme lo que ha visto.

Durante varias horas estuvimos reunidos en el almacén de la taberna. De vez en cuando el tabernero entraba para coger alguna cosa, pero la propina que le habíamos dado para que nos dejase tranquilos surtió su efecto. Les expliqué lo que había visto y vivido. Intenté no dejar ningún detalle, pues en aquellas semanas yo había vivido unas experiencias difíciles de explicar, pero también difíciles de olvidar. El bárbaro Liu Hu no cambió su semblante a lo largo de toda mi exposición, pero Adriano no salía de su sorpresa y asombro, no se acababa de creer lo que le estaba contando, y eso que le habían informado con anterioridad. Cuando terminé de hablar, Liu Hu intervino.

—¿Entiende ahora el honorable emperador Adriano por qué mi amo y señor, el emperador An Di, me envió para asesorarle y ayudarles?

—No acabo de entenderlo, ¿si esas cosas nos muerden entonces morimos, y al poco rato nos levantamos y caminamos estando muertos? —preguntó el emperador.

—Con que te arañen es suficiente para que te afecte su poder —maticé al emperador.

—Eso no es del todo cierto —dijo Liu Hu—; si el arañazo es superficial o la mordedura no es muy profunda, si se toma rápidamente un elixir, no sucede nada, y en el peor de los casos tienes fiebre durante unos días, pero eso es todo.

—¡Elixir! —grité—. ¿Qué elixir es ese?

Liu Hu mostró una botellita.

—Me refiero al elixir que contiene esta botella. Con esta pócima sería suficiente para salvar a una persona.

—¿Y no tienes más que esta botella? —pregunté.

—Me temo que sí, honorable Marcellus.

—¿Y cómo podemos hacer más de este elixir? —preguntó Adriano.

—Solo los sabios chinos conocen su composición y el proceso para elaborarlo.

—Entonces pide al emperador An Di más de este elixir, dile que yo, Adriano, te lo he ordenado.

—Me temo, honorable Adriano, que no es tan sencillo —dijo Liu Hu—. Un mensajero tardaría meses en llegar a China y otro tanto en poder ser recibido por el emperador, y para cuando regresase con más elixir, entonces toda la isla de Britania podría estar bajo el yugo de los muertos que no mueren. Nuestra obligación es actuar antes.

—¿Cómo llamas tú a los muertos que no mueren? —me preguntó Adriano.

—Los llamamos *spectrum*.

—¿A qué te refieres cuando dices «los llamamos»? ¿Es que hay más gente contigo? —preguntó Adriano.

—Así es, somos un grupo de nueve legionarios.

—Nueve, bonito número, como la VIIII Hispana —dijo Adriano—. ¿Y esos nueve legionarios son de tu total confianza?

—Sí, de mi entera confianza.

—En tal caso —dijo Adriano—, haré oficial el Grupo VIIII, el cual será el encargado de eliminar a todos los *spectrum*, pondré bajo tu mando a todos los legionarios que precises, tan solo has de pedirme lo que necesites y te será concedido.

—Si me lo permite el honorable emperador —intervino Liu Hu—, yo también formaré parte del Grupo VIIII.

Aprovechando los poderes casi ilimitados que me otorgó el emperador, en pocos días el Grupo VIIII tenía exploradores por toda Britania. A pesar de nuestros esfuerzos, y tras semanas explorando todos los rincones de Britania, bueno, de la parte de la isla que controlaba Roma, no se localizaron *spectrum*. Dado que el único sitio de la isla donde teníamos noticias de la presencia de *spectrum* era en el norte, decidí preparar una expedición para ir hacia allá con el objetivo de localizarlos y eliminarlos a todos.

CAPÍTULO VI

Expedición al norte de Britania

Después de semanas recibiendo noticias inciertas sobre la presencia de *spectrum* en el norte, decidí preparar una expedición hacia aquellas tierras. Con el poco tiempo que tuve reuní un nutrido grupo de legionarios a quienes después de explicarles a lo que nos enfrentaríamos instruí lo mejor que supe y pude. Al igual que habíamos hecho nosotros, ordené que cada legionario se protegiera piernas y brazos para evitar ser mordidos o arañados por los *spectrum*, y conseguí del emperador que todos mis legionarios fuesen a caballo, con lo que ganamos movilidad y rapidez de reacción, aunque he de reconocer que no todos se adaptaron demasiado bien a lo de ir a caballo, ya que muchos de ellos eran veteranos legionarios entrenados y habituados a largas marchas a pie, por lo que ir a caballo se les hacía extraño.

De los nueve legionarios originales, el Grupo VIIII había crecido hasta llegar a los cincuenta, incluyendo al bárbaro. No sé si un número tan redondo nos traería buena suerte, o por el contrario los dioses se enfurecerían, en cualquier caso el grupo estaba formado y presto para la marcha.

Tras varios días de marcha en dirección norte llegamos a mi antiguo campamento. El fuego había terminado por quemar gran parte de la empalizada, y donde unas semanas antes estaba parte de la Legio VIIII Hispana, ahora solo había cuerpos quemados y ceniza. Los legionarios pudieron ver aquellos cuerpos calcinados. Pero ellos no veían a *spectrum*, sino los cuerpos de legionarios quemados; ellos veían a sus compañeros de armas. A pesar de ello intenté hacer que entendieran que lo que allí yacía no eran legionarios, sino muertos que caminaban. Viendo que mis subordinados no lo entendían, decidí seguir avanzando, tal vez tenía que haber enterrado a aquellos soldados, pero cincuenta legionarios hubiéramos tardado demasiado en enterrarlos. Por otro lado, veía en sus caras la duda y la desconfianza ante nuestra misión.

Durante días seguimos avanzando hacia el norte, de hecho avanzamos tan al norte que llegamos a tierras a las que rara vez llegaba ningún romano. Tras días de marcha durmiendo penosamente, realizando marchas de sol a sol hasta el extremo de reventar a los caballos y a los hombres, comiendo lo poco que llevábamos, decidí hacer un alto para reponernos. Para ello hice levantar un campamento y lo rodeamos con maleza y estacas, de tal forma que era del todo imposible que los *spectrum* nos cogieran desprevenidos, y eso nos daría alguna ventaja a la hora de enfrentarnos a ellos.

Las patrullas que enviaba cada día para explorar los contornos del campamento siempre regresaban sin novedades, por ello, viendo que por aquella zona no había presencia de *spectrum* decidí avanzar a riesgo de entrar en tierras hostiles, con el peligro añadido de ser atacados por los bárbaros del norte de Britania. Los pocos días que permanecimos en aquel campamento sirvieron, además de para reponer fuerzas, para que Liu Hu nos explicara cómo combatir y, sobre todo, cómo eliminar a los *spectrum* sin que estos nos mordiesen o arañasen. También nos enseñó trucos de cómo movernos cerca de los *spectrum* sin ser vistos.

La marcha hacia el norte se hizo penosa, la lluvia y el fuerte viento se sumaron al frío, con lo que al cansancio de marchas interminables durante el día se sumaba la falta de descanso y el frío que sufríamos. Conforme nos adentrábamos más y más en tierra hostil no veíamos a ningún bárbaro, y los pocos poblados que encontrábamos a nuestro paso estaban abandonados, era como si algo o alguien se hubiera llevado a todos aquellos bárbaros.

Cada día que pasaba avanzábamos más y más hacia al norte, pero ni el frío, ni la lluvia, ni los bárbaros impedirían que cumpliéramos nuestra misión, que no era otra que la de encontrar y eliminar a los *spectrum* que nos encontrásemos, y no regresar hasta haber eliminado al último.

Ahora que lo pienso nuestra misión era simplemente un suicidio, ya que si no encontrábamos rastro de *spectrum* al llegar tan hacia el norte de Britania corríamos el riesgo de ser atacados por las tribus, y sin duda, un grupo tan pequeño sería aniquilado por las hordas bárbaras, y si nos encontrábamos con los *spectrum*, o bien estos nos eliminarían a nosotros, o bien si log012ramos eliminarlos a todos seguiríamos estando en inferioridad numérica frente a los bárbaros. Ciertamente aquel plan tenía muchos fallos, pero en aquella época yo era joven y no pensaba con la cabeza, lo hacía con el corazón, y mi corazón me decía que teníamos que seguir y eliminar a todas aquellas cosas.

Un día varios exploradores regresaron al galope.

—Hemos encontrado el campamento de los bárbaros —dijo uno de los jinetes.

—¿Está muy lejos de aquí? —pregunté.

—A poco menos de medio día de camino.

—¿Y que habéis podido ver?

—Han levantado una gran empalizada aprovechando un saliente en la costa, con lo que han cerrado una gran extensión de terreno con una empalizada muy pequeña, además todo el trozo de costa está sin protección alguna y solo está batido por el mar.

—No entiendo por qué han hecho eso —comenté—. Tienen el mar a sus espalas, por lo que en caso de ataque no pueden huir, y además, todos los flancos de su campamento que son costa no los han protegido con empalizadas, por lo que son muy vulnerables por esa zona.

—No se están protegiendo de los legionarios romanos —intervino Liu Hu—, se protegen de los *spectrum*. Esa es una buena manera de ponerse a salvo, ya que los *spectrum* no saben nadar, y por lo tanto evitan el agua.

—¿Y tú cómo sabes eso? —le pregunté.

—Durante siglos hemos luchado contra los que vosotros llamáis *spectrum* —dijo Liu Hu— y te aseguro que después de tantos siglos y muchas derrotas hemos aprendido algunas cosas. Y una de las muchas cosas que hemos aprendido es a tener el mar, un río o un lago a nuestras espaldas, o incluso estar en una isla, ya que los *spectrum*, como no saben nadar, nunca atacarán por allí, pero a malas, nosotros siempre podemos escaparnos en barco, en improvisadas balsas o nadando.

—¿Pero a qué loco se le ocurre encerrarse dentro de una empalizada con las mujeres, los niños y los ancianos? —pregunté.

—Nadie te ha dicho que las mujeres, niños y ancianos tengan que estar dentro de la empalizada —respondió Liu Hu—. No sé muy bien qué habrán hecho esos bárbaros, pero cuando en China utilizábamos esta táctica, dentro de la empalizada solo estábamos los hombres. Lo que hacíamos era poner a salvo a nuestras familias en algún sitio elevado y de difícil acceso, pero que tuviese acceso a agua potable y comida en abundancia. Los hombres llamábamos la atención de los *spectrum* para que nos siguiesen hasta el campamento y nos encerrábamos dentro, y una vez rodeados por los *spectrum* desde dentro del campamento nos dedicábamos a eliminarlos uno a uno con arcos y flechas o con largas pértigas con puntas de metal, y de esta forma les atravesábamos el cráneo, aunque el problema de esta estrategia es que si te rodeaban muchos *spectrum* al final resultaba del todo inviable eliminarlos a todos uno a uno, por lo que la segunda parte del plan consistía en dejarlos entrar en el campamento y una vez dentro cerrarles las puertas e incendiar el campamento para quemarlos, aunque eso sí, había que tener muchos barcos para poder abandonar con tiempo el campamento.

Antes de llegar al campamento pudimos observar que los *spectrum* ocupaban de punta a punta toda la empalizada, por lo que acercarnos más era del todo imposible. Además, dada la distancia que nos separaba resultaba del todo imposible comunicarnos con los de dentro del campamento, así pues, las opciones se nos redujeron a una sola, y era la de acceder por mar. Pero la solución al problema generó otro y era cómo llegar por mar hasta el campamento bárbaro, ya que en esa zona el mar era muy movido, y si construíamos una balsa uniendo varios troncos, por muy fuerte que los atásemos, a buen seguro terminarían soltándose y nosotros iríamos al fondo. Ya que por el oeste no veíamos a tantos *spectrum* decidimos ir en esa dirección, bordeando la costa con la esperanza de encontrar una aldea de pescadores donde hubiera barcas con las que poder llegar hasta el campamento de los bárbaros.

No tuvimos que recorrer mucho trecho cuando llegamos a una pequeña aldea de pescadores. Más que una aldea eran dos chozas, pero amarradas en la playa había varios botes, el único problema es que los *spectrum* se nos habían adelantado, por lo que tuvimos que bajar de nuestros caballos y llegar hasta las chozas caminando sigilosamente para no ser descubiertos por los *spectrum* y de esta forma poder eliminarlos.

Primero Sigilis eliminó a los que estaban más alejados de las chozas. Lo hizo de tal manera que el resto de los *spectrum* no se dio cuenta. Primero eliminó con su arco y sus flechas a los que estaban solos y más alejados, y así hasta los que estaban más cerca del grupo, en poco rato había eliminado a unos treinta. Una vez nos hubo despejado el camino, los nueve nos lanzamos contra los *spectrum* que rodeaban las dos chozas, primero lo hicimos contra los que había en la de la derecha, y luego contra los que había en la otra. Fue un trabajo rápido y preciso que no nos llevó demasiado tiempo, sin duda la experiencia que habíamos adquirido en las últimas semanas había perfeccionado nuestra técnica; además, Liu Hu nos había estado dando algunas lecciones de cómo ser más eficaces y precisos en nuestros golpes, ahora con un solo golpe de hacha o espada eliminábamos a un *spectrum*.

Una vez nos hubimos encargado de todos, Espolonius con su hacha en la mano derribó la puerta de la choza de la izquierda, y lo que vio fue algo grotesco. Dentro había quedado encerrada una familia con sus tres hijos pequeños, me imagino que debían llevar varios días sitiados, y al no poder aguantar la presión que representaba estar rodeados por *spectrum* el padre de familia mató a sus hijos pequeños y a la madre, y para que estos no se convirtieran o se transformasen en *spectrum* les destrozó la cabeza, en su caso, dejó caer una gran piedra sobre su cabeza y esta quedó aplastada.

Luego nos dirigimos a la segunda choza y Sigilis derribó la puerta con su hacha, pero estaba vacía. Al principio ninguno le dio más importancia al hecho de que la puerta estuviera cerrada por dentro y además estuviera trabada con una mesa, y sin embargo no hubiera nadie dentro, pero como teníamos prisa en coger las barcas tal vez no pensamos en ello y nos fuimos a la playa para ver las cuatro barcas de pescadores, el problema es que ninguno de nosotros sabía navegar, y aunque a mí de joven mi padre hizo que me enseñasen el arte de navegar en la época que estuve en Tarraco acogido por la familia de Adriano, lo cierto es que una cosa era navegar bordeando la costa y otra era hacerlo por el mar del norte de Britania.

Cuando estábamos decidiendo quién iría en cada barca, de la segunda choza oímos que salían voces, por lo que cogimos nuestras armas y nos acercamos. Al llegar hasta la puerta, nuestra sorpresa fue ver que de debajo de la choza salían a través de una trampilla varias jóvenes.

—¡Por todos los dioses! —exclamó Vitus—. ¿De dónde salen estas jóvenes?

—¿Quién ha registrado la choza? —pregunté.

Después de un largo silencio volví a repetir la pregunta pero tampoco recibí ninguna respuesta, así que estaba claro que nadie lo hizo.

—No tengáis miedo —les dije a las chicas que salían del agujero que había debajo de su choza—. Hemos venido para ayudaros.

—¿No ves que no te entienden? —exclamó Maximus—. Déjame a mí, tal vez me pueda comunicar con ellas, sé algo de su lengua.

—Sí que os entendemos —interrumpió una de las chicas—, nuestro padre nos enseñó vuestro idioma.

—¿Qué ha pasado? —les pregunté.

—Hace unos meses el consejo de la tribu formado por los más ancianos ordenó construir cerca de aquí un campamento para protegernos de los ataques de esas cosas —dijo la mayor—. Nuestro padre dijo que era un error encerrarnos dentro de una empalizada con el mar a nuestras espaldas sin tener suficientes barcos para poder huir o para poder ir a buscar ayuda o comida, por esto, cuando hace unos días esas cosas nos atacaron y todos se fueron a la empalizada, mi padre nos trajo a la choza de pescadores que mi familia utiliza para pescar, para coger las barcas y llevarlas a la empalizada. Pero nos siguieron y no nos quedó más remedio que encerrarnos dentro. El otro día mi padre decidió salir para ir a buscar ayuda en barca, y no volvimos a saber nada más de él. Ignoramos si llegó a la empalizada o si su barca naufragó debido a la mala mar que hacía ese día. Por eso decidí esconderme con mis hermanas en este escondite, allí abajo hay agua y comida para estar a salvo varias semanas, y de esta forma estaríamos más seguras esperando que nuestro padre regresase.

—¿Y los que había en la choza de al lado? —preguntó Maximus.

—No sé quiénes eran —respondió la chica—, desde luego no eran de nuestro poblado, lo único que nos dijeron es que su poblado había sido atacado y que ellos habían conseguido huir, pero no sé nada más.

—Pues ahora poco importa quiénes eran y de dónde venían —espetó Caracturus—. Están muertos, se han quitado la vida, pero lo que está claro es que sabían cómo hacerlo para no convertirse en *spectrum*.

—¿Qué es *spectrum*? —preguntó la chica.

—Las cosas esas que os intentaban atacar —respondí.

—Tenéis que ir con mucho cuidado de que no os muerdan —dijo la chica—, si lo hacen, os convertís en uno de ellos.

—Sí, gracias —dijo Protus—, ya lo hemos podido ver, es por esto que llevamos toda esta protección encima.

—¿Sabéis llevar estas barcas? —les pregunté.

—Sí —respondió la muchacha—, nuestro padre nos enseñó a las cuatro a llevar una barca.

—Entonces nos llevaréis hasta el campamento donde se ha refugiado la gente de tu poblado.

—Hoy es muy tarde para salir a navegar —objetó la muchacha—. Mejor saldremos mañana al amanecer, y así aprovecharemos la buena mar.

Después de reforzar la choza de las muchachas y sus alrededores para poder pasar la noche, enterramos bajo tierra a la familia que yacía muerta en la cabaña de al lado para evitar que fuera devorada tanto por los *spectrum* como por cualquier otra alimaña.

Durante la noche las cuatro muchachas nos explicaron lo que había sucedido en su aldea. Por lo visto, de repente algunos de los habitantes de la aldea se murieron casi a la vez, simplemente enfermaron. Sus cuerpos estaban ardiendo, como si un fuego interior los abrasara y al cabo de unas horas se murieron. Lo curioso es que el día anterior había hecho un calor horrible, nadie en su poblado, ni los más ancianos, recordaba un día tan caluroso, ni siquiera en pleno verano recordaban un día en que hiciese tanto calor, y menos en aquella época del año.

En un solo día, más de veinte personas de su poblado murieron. Siguiendo su tradición, antes de quemarlos, cada familia guardaba durante unos días los cuerpos sin vida de sus familiares en sus cabañas, de esta forma los familiares y amigos podían ir a visitarlos y despedirse de ellos. Aquella misma noche comenzó la tragedia, ya que esas veinte personas se levantaron y comenzaron a devorar literalmente a sus seres queridos que estaban velando sus cuerpos. Aquella noche todo el poblado se levantó alertado por los gritos de dolor y horror de las personas que eran atacadas. Durante la mañana del día siguiente estuvieron eliminando a los *spectrum*, mas cuando creían haberlos eliminado a todos, los familiares que habían sido mordidos se convirtieron en *spectrum*, por lo que precisaron del día entero para eliminarlos a todos.

Luego supieron que en otras aldeas había sucedido lo mismo. Allí los *spectrum* lograron devorar y convertir a muchos de los habitantes, con lo que la situación se convirtió en un caos incontrolable. Por suerte su poblado logró reducir y eliminarlos todos a tiempo, pero por todas las aldeas de alrededor las cosas no habían ido tan bien, con lo que los *spectrum* campaban a sus anchas por aquella zona. Fue entonces cuando decidieron construir la empalizada en un saliente de la costa y llevaron allí comida, agua y aquello que creían que necesitarían. Además les dio tiempo de construir varias chozas donde poder pasar las noches frías de aquella zona de Britania. Al principio todo parecía normal, tan normal que incluso algunos regresaron a la aldea creyéndose a salvo de lo que para ellos era una maldición de su dios por no haberlo venerado como lo habían hecho sus antepasados. Un buen día vieron a las puertas de la empalizada a varios *spectrum* y aquella misma tarde ya había varios cientos. Entre los *spectrum* que los asediaban reconocieron a varios de los que habían decidido días antes regresar a la aldea creyendo que todo había pasado.

Dos días más tarde, a las puertas de la empalizada había varios miles. De alguna forma aquellas cosas sabían que ellos estaban dentro, por esto, el padre de las chicas y ellas decidieron ir a buscar sus barcas a la choza de pescadores, con la esperanza de volver y poder sacar de aquella encerrona a aquellas personas, para ello zarparon los cinco en un pequeño bote. Todo iba bien hasta que al acercarse a la orilla pudieron comprobar que los *spectrum* rodeaban una de las chozas, y al desembarcar en la playa se dirigieron corriendo a la otra choza para coger las velas y remos con los que poder salir a la mar con las barcas que su familia tenía para pescar, pero los *spectrum* las vieron, y solo tuvieron tiempo de encerrarse en la choza. Después de varios días de estar encerradas, un día su padre decidió salir él solo para ir a buscar refuerzos y no regresó.

Días antes de nuestra llegada, la familia que estaba en la otra choza les dijo gritando por una de las ventanas que no soportaban los ruidos que emitían aquellas cosas y por esto el padre había decidido matar a sus hijos y a su esposa y les dijo que él se aplastaría la cabeza para no convertirse en uno de ellos. Lo curioso del caso es que aquel hombre sabía mucho de los *spectrum*, lo que significaba que hacía mucho tiempo que su aldea había sido atacada. Por lo visto antes de suicidarse les explicó cómo eliminarlos, y que tenían que evitar ser mordidas por aquellas cosas, pues sino se morirían y se convertirían en unas de ellas.

Al amanecer del día siguiente salimos en las cuatro barcas en dirección al campamento, aunque en cada una de ellas cabían más de diez personas, decidimos ir los nueve además de Liu Hu, el cual era uno más del Grupo VIIII. Cada una de las barcas la llevaba una de las hermanas. En las chozas decidimos dejar al grupo de legionarios que nos acompañaban con la tarea de construir una empalizada y hacer una zona segura a modo de puerto para desembarcar.

La travesía se nos hizo muy pesada, pues además de estar pendientes del mar y de las rocas de la costa, veíamos a cientos de *spectrum* que campaban a sus anchas en la orilla, por lo que si hubiéramos tenido algún percance no hubiéramos podido tomar tierra.

Cuando por fin llegamos al campamento y dimos alerta de nuestra llegada, logramos amarrar las barcas y desembarcar en una zona más o menos tranquila donde no rompían mucho las olas. Lo más curioso es que nuestra llegada fue recibida con vítores de alegría. He de reconocer que estuve pensando toda la noche qué sucedería a la mañana siguiente cuando vieran llegar cuatro barcas llenas de legionarios romanos, y por esto decidí dividir al grupo y dejar al grueso de la tropa en las chozas y que desembarcase en la empalizada un grupo reducido de legionarios.

Cuando estábamos desembarcando, un grupo de bárbaros precedidos por el que debía ser el jefe de la aldea se dirigió hacia nosotros.

—Sed bienvenidos, romanos.

—Os saludo en nombre del emperador Adriano —les dije—, hemos venido para ayudaros.

—¿Solo vosotros nueve y el bárbaro que os acompaña? —nos increpó uno de los bárbaros.

Las risas de los presentes se extendieron por el campamento.

—¿De dónde vienes, romano? —me preguntó el cabecilla.

—De Londinium, el emperador Adriano nos ha enviado para eliminar a todos los *spectrum*.

—Ya entiendo. —Después de un instante de silencio, prosiguió—. Me llamo Lucio; bueno, vosotros los romanos me llamáis así, mi nombre poco importa ahora. Tal vez hayas oído hablar de mí.

Lucio el bárbaro era muy conocido por los legionarios destacados en Britania. Se jactaba de haber matado a cientos de mis compañeros. Él y sus hombres atacaban sin piedad las columnas de legionarios, y después de matarlos, los mutilaban sin piedad. En cada ataque dejaba con vida a varios legionarios para que estos pudieran narrar lo que allí habían visto y vivido, de esta forma su fama y leyenda fue creciendo, y las crueldades que explicaban los legionarios eran tales que estos lo odiaban, a la par que lo temían.

Dada la situación, lo único que se me ocurrió preguntarle fue:

—¿Cómo es que no nos has matado?

—Porque has traído a mis hijas con vida.

Vaya, después de todo, la diosa Fortuna nos acompañaba. Lucio el bárbaro era el padre de aquellas muchachas. Luego me enteré de que aquellas chicas no nos habían dicho quién era su padre por miedo a que las secuestrásemos y pidiésemos un rescate por ellas, y por esto nos mintieron y nos contaron otra historia.

—¿Y cómo piensas ayudarnos? —preguntó Lucio.

—Debéis salir de esta encerrona y poneros a salvo.

—¿Salir de aquí? —me interrumpió Lucio—. Este es el único sitio en que estamos a salvo, tenemos agua en abundancia gracias a varias fuentes y un riachuelo. Además hemos traído comida suficiente para pasar un año entero, también tenemos animales, y por si fuera poco, tenemos lo que nos da el mar. ¿Para qué deberíamos querer salir de aquí?

—Cuando los *spectrum* aparezcan por miles a las puertas de tu campamento, y cuando varios miles se agolpen sobre la empalizada, al final terminarán por hacerla caer y entrarán en tu campamento y os atacarán a todos. Solo se está a salvo detrás de un grueso muro de piedra o de una montaña muy elevada —dijo Liu Hu.

—¿Quién es este bárbaro? —preguntó Lucio—. Sin duda los romanos debéis de estar muy desesperados para venir al campamento de los que vosotros llamáis bárbaros acompañados por otro bárbaro. ¿Y qué es eso de los *spectrum*?

—Así es como llamamos a esas cosas —le respondí—. En cuanto a él, he de decirte que no es ningún bárbaro. Es Liu Hu, el enviado del emperador de China, y está aquí para ayudarnos y aconsejarnos sobre cómo luchar y eliminar a los *spectrum*.

—¿Y cómo es que sabes tú tanto de esas cosas? —preguntó Lucio.

—En mi país llevamos siglos luchando contra los *spectrum* —respondió Liu Hu—, y la única forma de combatirlos es construir un muro de piedra lo más elevado posible. Además deberéis construir las casas de piedra y cavar un foso muy profundo y ancho alrededor de ellas o de la muralla que rodea vuestras aldeas y llenar el foso de agua. Esta es la única forma de evitar que os cojan por sorpresa.

—¿Una muralla, dices? —le espetó Lucio—. ¿Cuántas murallas has construido tú?

—Mi pueblo construyó una hace siglos.

—¿Solo una muralla, y eso os ha salvado de esas cosas?

—La muralla que te digo va de punta a punta de nuestro país, para recorrerla hacen falta cientos de días a caballo, y se precisaron siglos y el trabajo de muchas personas para terminarla.

—¿Y ya no os atacan? —inquirió Lucio.

—Sí, nos atacan, pero no nos cogen desprevenidos.

—¿Y habéis venido tan al norte para construir una muralla? —preguntó Lucio.

—No, hemos venido al norte para eliminar a todos los *spectrum* —le dije.

—Y si nos vamos de aquí, ¿dónde nos aconsejas que vayamos? —preguntó Lucio a Liu Hu.

—A una zona montañosa y escarpada con acceso a agua potable en abundancia, donde podáis cultivar la tierra y donde vuestro ganado pueda pastar. Ha de ser una zona de difícil acceso, incluso para un legionario. En esa zona deberéis construir defensas y murallas de piedra para protegeros, y allí vuestras mujeres, niños y ancianos estarán a salvo. Una vez vuestras familias estén a salvo, los hombres saldréis de cacería, salvo que no iréis a cazar ciervos o lo que cacéis por estos lugares, sino que iréis a cazar *spectrum*.

—Supongamos que conocemos un sitio como el que tú nos has descrito, y supongamos que accedamos a irnos de este campamento, pero dime, ¿cómo quieres que nos vayamos?, date cuenta de que en la entrada hay cientos o miles de esas cosas que vosotros llamáis *spectrum*.

—Por mar —intervine.

—¡En esas cuatro barcas! Me temo que tardaríamos meses en sacar a toda mi gente, además, con la mala mar que hace por esta zona, corremos el riesgo de que se hundan.

—No te preocupes por eso, iremos a buscar más barcos a las aldeas cercanas y os evacuaremos. De donde hemos venido no había muchos *spectrum*, y he dado orden al grupo de legionarios que me acompañaban de que hicieran un campamento seguro, con lo que podréis desembarcar sin problema y dirigiros a la zona montañosa que comentas.

Durante varios días estuvimos navegando con las cuatro barcas en busca de otros barcos que pudieran estar en alguna de las aldeas costeras que había por aquella zona. En todos los sitios donde desembarcamos nos encontramos el mismo panorama, las aldeas habían sido tomadas por los *spectrum* y los aldeanos o bien habían huido, o bien se debían de haber convertido en *spectrum*, y al no encontrar rastro de adónde habían podido ir, todo apuntaba a que poblados enteros se habían convertido en *spectrum*. Gracias a que fuimos recogiendo todas las barcas abandonadas en las playas que nos encontramos, poco a poco logramos trasladar a todos los habitantes al campamento que habían montado mis legionarios al lado de las dos chozas, y de allí los bárbaros partían dirección a una zona montañosa con la intención de atrincherarse.

Cuando todos fueron trasladados y el campamento quedó vacío, abrimos las puertas y dejamos entrar a los *spectrum*, y una vez hubieron entrado todos, las cerramos y acto seguido prendimos fuego al campamento, saliendo nosotros por mar. Al llegar en barca al campamento de las dos chozas, Lucio y los guerreros que nos habían ayudado a encerrar y quemar a los *spectrum* se despidieron de nosotros. Para Lucio era más importante poner a su pueblo a salvo que eliminar a aquellas cosas, o incluso que eliminarnos a nosotros. La zona montañosa donde se habían refugiado era una zona ideal para estar a salvo y vivir muchos años sin la amenaza de los *spectrum*.

Después de varias semanas las cosas seguían igual, aunque ahora por lo menos habíamos puesto a salvo a un poblado bárbaro, pero aquella no era nuestra misión. Sin duda la presencia de los *spectrum* había cambiado el statu quo que imperaba en el norte de Britania, y los que hasta la fecha habían sido nuestros enemigos ahora habían pasado a ser nuestros amigos, o por lo menos nuestros aliados. La verdad es que la máxima que decía mi padre según la cual «los enemigos de mis enemigos, amigos míos son» ahora se veía claramente explicada y justificada.

Me gustaría aclarar que la frase «los enemigos de mis enemigos, amigos míos son» la he traducido literalmente del escrito de mi antepasado. Ya sé que es una frase muy conocida porque la dijo Sir Winston Churchill durante la segunda guerra mundial, pero por lo visto, un antepasado mío la usaba hace siglos.

Durante dos semanas más seguimos nuestra expedición por aquellas tierras del norte de Britania. No vimos a grupos significativamente numerosos de *spectrum* y los pocos que vimos los eliminamos con gran facilidad. Además, los pocos bárbaros que nos encontramos, o que se dejaron ver, nos contaban la misma historia, que un día después de una ola de calor como la que no recordaban unos pocos aldeanos enfermaron y murieron, y al poco se levantaron y atacaron a sus seres queridos, y en pocos días toda su aldea se había transformado en esas cosas. El problema es que por lo que pude calcular en algún sitio tenía que haber miles de *spectrum* agrupados esperando a atacar, pero exactamente no sabía dónde estaban, y mucho menos, a qué esperaban para hacerlo y devorarnos.

Según Liu Hu, cuando una zona era infectada por primera vez como lo estaba siendo el norte de Britania, por lo general un grupo numeroso se agrupaba en algún sitio y en un momento determinado ese grupo atacaba las zonas pobladas por humanos y lo devastaba todo como una plaga. La clave era encontrar el sitio donde estaban todos los *spectrum*. Además, si se sentían descubiertos, amenazados o atacados, entonces lo que hacían era salir y atacar las zonas pobladas, por lo que lo mejor era primero avisar a los poblados cercanos que se protegiesen, o huyesen a zonas montañosas, o zonas elevadas, o bien construir una gran muralla de piedra y encerrarlos dentro, para ir eliminándolos poco a poco, pero esto requería de mucha gente y de tiempo, y lamentablemente de lo último no teníamos demasiado; además, otra cosa que recuerdo que nos comentó es que en China cuando aparecían *spectrum* días antes, o el mismo día, hacía mucho calor, incluso en pleno invierno, según Liu Hu, era como si el sol lanzase llamaradas de fuego que hacían subir la temperatura.

Después de algo más de tres meses desde nuestra partida de Londinium, y después de solo haber visto a pequeños grupos de *spectrum*, decidí regresar. El viaje de vuelta fue rápido, para ser exacto, tardamos poquísimos días. Algunas jornadas aprovechamos la luna llena, incluso hacíamos marcha de noche, era como si supiéramos que el gran grupo de los *spectrum* nos seguía, y nosotros cada día que pasaba, a pesar de estar muy cansados, recorríamos más distancia, no sé si era el miedo o la necesidad de refugiarnos tras las empalizadas de Londinium, o las dos cosas.

A nuestra llegada a Londinium fui llamado en audiencia ante el emperador Adriano. La tienda de Adriano era la propia de un emperador, y no solo por la guardia pretoriana que escoltaba la entrada sino porque su interior estaba decorado con todo el lujo que se pueda imaginar.

—Ave, Adriano, te saludo.

—Déjate de saludos, amigo Marcellus, y dame más detalles de lo sucedido, los correos que me has ido enviando explicaban poca cosa.

—Me temo que te he explicado todo lo que he visto y todo lo que ha sucedido.

—¿Esto quiere decir que ya no quedan *spectrum*? —preguntó curioso Adriano.

—Según Liu Hu se están reuniendo en algún sitio que desconocemos, y en un momento determinado bajarán hacia el sur asolando las aldeas que encuentren a su paso y convirtiendo en *spectrum* a los hombres y mujeres que se encuentren, con lo que cuando eso suceda, en pocas semanas los *spectrum* dominarán toda Britania.

—¿Y no hay forma de evitarlo? —preguntó angustiado Adriano—. ¿Es que Liu Hu no conoce ninguna solución?

—Por lo que me contó, en su país hace siglos construyeron una gran muralla que lo atraviesa de punta a punta, y eso permite que en caso de que los *spectrum* aparezcan en alguna zona de su Imperio puedan ser controlados rápidamente.

—¿Y cómo lo hacen? —preguntó Adriano.

—Pues trasladan a toda la población al lado opuesto de donde se tienen noticias que han aparecido *spectrum* y una vez toda la población está a salvo, las unidades de ejército del emperador chino, especialmente adiestradas para combatir a los *spectrum*, van hasta la zona donde están y los eliminan a todos, y una vez eliminados, la población ya puede regresar a sus aldeas.

—¿Y tú qué propones, Marcellus? —me preguntó el emperador.

—Propongo construir una muralla de piedra no menor de quince pies de altura y diez de grosor, y cada pocas millas poner torres de vigilancia, y a lo largo de la muralla poner campamentos para evitar no solo el ataque de los *spectrum*, sino también el ataque de los bárbaros del norte de Britania.

—¿Y cómo le explico al Senado que voy a construir una muralla en Britania? —preguntó pensativo Adriano.

—Dile que la construyes para evitar un ataque por sorpresa de los bárbaros —le dije—. Seguro que nadie se opone a esta idea.

—No sé, amigo Marcellus, no lo acabo de ver. ¿Construir una muralla para no ser atacados por esas cosas? Pero si tú mismo me has dicho que ya no quedan.

—No, yo no he dicho eso —le interrumpí—, precisamente he dicho todo lo contrario, que a buen seguro hay, y además hay muchos *spectrum*, pero no sabemos dónde están.

—No lo acabo de ver claro. Además, no sé qué dirá el Senado sobre el hecho de que las legiones de Roma se escondan detrás de una muralla. Déjame unos días para que me lo piense.

CAPÍTULO VII

Expedición para transportar
un cargamento de oro

Pasaron varias semanas y la vida en Londinium se terminó por hacer monótona y aburrida. Después de la tensión acumulada tras varios meses de persecución, ahora aquella calma nos estaba agobiando. Además las tropas que Adriano me había asignado, y que mis hombres y yo con la ayuda de Liu Hu habíamos adiestrado, habían sido transferidas a sus cohortes. Era como si nada hubiera pasado, o peor aún, como si nadie quisiera reconocer lo que había pasado, y lo que podía pasar.

Durante esas semanas, los ascensos llegaron para mí y para mis hombres, y con los ascensos, un considerable botín en forma de monedas de oro. Sin duda Adriano era generoso, y más teniendo en cuenta que realmente no habíamos conseguido el objetivo que nos habían asignado de eliminar a todos los *spectrum*.

En mi caso fui ascendido a *tribunus militum*, Maximus fue ascendido a centurión, Caracturus debido a una serie de asuntillos algo turbios no fue degradado y se le mantuvo el grado de centurión, y el resto de los legionarios del Grupo VIIII fueron ascendidos a *principales*. Con los ascensos iba parejo un aumento de nuestro salario.

Durante todas esas semanas ninguna patrulla había regresado al norte, ni tan siquiera ninguna había llegado hasta nuestro antiguo campamento, con lo que realmente sabíamos bien poco, por no decir absolutamente nada, de lo que pasaba en el norte.

Recuerdo una conversación de las muchas que tuve esos días con Liu Hu, en la que me explicó la necesidad imperiosa de enviar patrullas al norte para saber qué estaba pasando. Cuando pedía que se enviasen patrullas ningún comandante estaba por la labor. Sin duda, la cohorte y los legionarios perdidos no es que hubieran hecho entrar miedo a los legionarios, pero lo cierto es que su pérdida había dejado las fuerzas romanas destacadas en Britania muy debilitadas, más teniendo en cuenta que antes de su pérdida la Legio VIIII Hispana y las tropas auxiliares que la acompañaban no daban abasto para controlar toda la zona sur y centro de Britania. Así pues, enviar patrullas al norte se antojaba además de algo inútil e innecesario, algo que nos debilitaba aún más y nos ponía a merced de nuestros enemigos, que no eran otros que los bárbaros.

Decidí ir a ver a Adriano para solicitarle un grupo de legionarios para ir a patrullar el norte de Britania, si ningún comandante quería enviar expediciones de exploración, iríamos el Grupo VIIII, pero para ello precisaba la autorización del emperador, por esto fui a su tienda.

—Salve, emperador Adriano —le dije.

Cuando Adriano estaba acompañado, como era el caso, me dirigía a él como emperador Adriano, si estábamos solos le hablaba como se hablan los amigos, con cordialidad y franqueza.

—Pasa, tribuno Marcellus, precisamente varios comandantes me estaban comentado de tu insistencia de enviar exploradores al norte.

—Precisamente venía a veros para pedir vuestra autorización para ir al norte con el Grupo VIIII.

—Pues te voy a autorizar, pero la expedición la harás a la mina de oro de Dolaucothi. Hace varios meses que no nos han enviado ningún cargamento de oro, ya que les di instrucciones de no hacer más envíos hasta que no se aclarasen las cosas.

—Pero la mina de oro de Dolaucothi está al este, y no al norte —maticé.

En Britania, los romanos explotaron minas de plomo argentífero, cobre, hierro, estaño, carbón y oro. Concretamente el oro se extraía de la mina situada en Dolaucothi, en la actual Gales.

—Ya lo sé, y es por eso que te envío a ti y al Grupo VIIII a esa zona, ya que según he leído en tus informes, esa zona no la inspeccionaste.

—Como ordene mi emperador —respondí.

—Solo iréis el Grupo VIIII, y de regreso volveréis con los legionarios de la III Cohorte, dejando solo tropas auxiliares. Quiero que la III Cohorte esté en Londinium.

—Como ordenéis.

—Vete preparado por lo que allí puedas encontrarte.

—¿A que os referís? —le pregunté extrañado.

—Cuando llegues lo entenderás, y además entenderás por qué envío al Grupo VIIII.

La misión parecía de lo más sencilla, aunque no entendía por qué nos enviaba a nosotros. ¿Y si los *spectrum* atacaban Londinium o cualquier otra aldea cuando estábamos de viaje? Además, aquel enigmático mensaje de que cuando llegásemos lo entenderíamos era algo que no me sacaba de la cabeza. ¿Es que allí había *spectrum* y por eso enviaba al Grupo VIIII?

Partimos al amanecer del día siguiente. La marcha fue rápida gracias a que íbamos a caballo, además como era ya costumbre llevábamos dos caballos y de esta forma podíamos avanzar más rápido, ya que cuando cansábamos uno de los caballos cambiábamos al otro, pero aun así tardamos muchos días en llegar.

Una vez en Dolaucothi nos dirigimos directamente a la tienda del comandante del campamento, el cual nos recibió muy nervioso. Era un centurión curtido por los años de servicio y del cual, por mucho que lo he intentado, no recuerdo su nombre.

—¿Venís a llevaros el oro? —preguntó el centurión.

—Sí, así es —le dije—, además tengo órdenes de que la III Cohorte venga con nosotros a Londinium.

—Eso seguro —dijo el centurión.

—No te entiendo. ¿Qué quieres decir con lo de «eso seguro»?

Al principio pensé que aquel centurión tenía miedo de un ataque de los *spectrum* pero me extrañaba en él, lo conocía y sabía de su valía y su valentía como legionario, por eso le pregunté.

—¿Qué pasa, tienes miedo de los *spectrum*?

—¿Que si tengo miedo? —me respondió—. Por aquí no hemos visto muchas de esas cosas, pero nos han llegado historias increíbles, y también nos han llegado historias sobre ti y el Grupo VIIII. ¡Ah!, y que sepas que yo no tengo miedo de nadie, ni tampoco de nada.

—¿Entonces, qué te pasa?

—¿Cómo que qué me pasa? —preguntó el centurión extrañado—. Estás bromeando, ¿verdad?

—¡Déjate de jueguecitos y dime qué pasa!

—Por lo que veo no sabes nada. Ven, sígueme.

El centurión salió de su tienda y se dirigió a una casa construida de piedra. Al entrar me había llamado la atención que dentro de un campamento militar romano hubiera una construcción de piedra, y más en ese caso, ya que era una casa muy grande. Los guardias que había en la única puerta nos dieron el alto, y el centurión les dio el santo y seña.

—Entra y juzga por ti mismo.

El centurión hizo que me encendieran una antorcha, y uno de los legionarios que estaban de guardia me abrió la puerta. Al entrar lo que vi me dejó sin respiración. Había cientos, qué digo cientos, miles y miles de lingotes de oro que habían extraído de la mina de oro y que habían fundido. Por lo que supe más tarde, encontraron una veta de oro y durante días todo lo que sacaban de dentro de la mina era oro, y hasta que no se agotó la veta pasaron varias semanas. Al ver aquello entendí las palabras de Adriano, y entendí por qué me habían enviado a mí, era porque no se fiaba de nadie más para llevar a buen término aquella misión. Todo aquel oro podía corromper al más fiel de los legionarios y al más honrado de los hombres. Cuando salí de la casa vi cómo el centurión me miraba con una cara burlona. Me imagino que la expresión de mi cara debía hacerle mucha gracia, me refiero a mi expresión de idiota después de ver tanto oro junto.

—¿Y cómo llevaremos todo este oro a Londinium? —fue lo único que se me ocurrió preguntar.

—No te preocupes por eso —me respondió el centurión—, desde hace semanas el campamento está construyendo carretas lo suficientemente robustas para soportar el peso de tanto oro, además hemos requisado los animales de tiro que hemos encontrado, así que ese no es el problema.

—Y entonces, ¿cuál es el problema? —pregunté.

—¡Pues cuál va a ser, los bárbaros!

—¿Conocen la existencia de tanto oro?

—¿Que si la conocen? ¿Quién te crees que trabaja en la mina, mis legionarios? —me espetó el centurión.

—Si saben de la existencia del oro, ¿cómo es que no han atacado el campamento?

—Me imagino, porque no son tontos —dijo el veterano centurión—, y porque saben que la III Cohorte y las tropas auxiliares que hay en el campamento los destrozarían si atacasen, por eso están esperando a que nos llevemos el oro de aquí, para atacarnos en campo abierto, donde no estemos protegidos por empalizadas ni podamos usar nuestras catapultas y los legionarios se tengan que batir en campo abierto.

—¿Y qué has pensado hacer? —le pregunté viendo que lo tenía todo muy bien pensado.

—Ellos saben cuánto oro tenemos, y ahora que has llegado también saben que has venido a llevártelo, por esto lo mejor es que levantemos el campamento hoy mismo y salgamos mañana al amanecer, de esta forma les llevaremos un par de días de ventaja, ya que los espías que seguro ya han ido a avisar a los bárbaros, entre que llegan a su campamento para informar, se movilizan y vienen a nuestro encuentro; esto nos da de margen en el mejor de los casos unos cuatro o cinco días, y como las carretas avanzan muy lentas, esa ventaja nos da alguna opción de llegar a ponernos a salvo.

—Ponernos a salvo, ¿dónde quieres que estemos a salvo? Por muy rápido que vayan las carretas, los bárbaros nos alcanzarán antes de una semana.

—Sí, así es.

—¿Este es tu plan? —le espeté al centurión—. ¿Tu plan consiste en que nos ataquen los bárbaros dentro de una semana?

—No, mi plan consiste en llegar a Cardiff, y de allí embarcarnos en un barco que lleva meses esperándonos, y zarparemos rumbo a Londinium, donde nos está esperando el emperador.

—¿Quieres ir hasta Cardiff? ¡Pero si el puerto de Meridunum está apenas a un día de marcha!

—Sí, lo sé, sin embargo el barco que llevará el oro nos está esperando en Cardiff.

Meridunum estaba situada en la Britania Secunda y corresponde a la actual ciudad de Carmarthen, en Gales. En la época de Adriano era un puerto con cierto tráfico marítimo. Cardiff era otro acuartelamiento romano con un puerto.

He buscado en Google Maps la distancia que hay entre Meridunum y las minas de oro de Dolaucothi. Concretamente y según la ruta elegida, hay entre 23,4 y 23,8 millas, esto es, unos treinta y siete kilómetros. Según Google Maps, una persona caminando tardaría unas ocho horas, esto es, a 4,62 km/h. Obviamente Google Maps no indica el tiempo que se tardaría en recorrer dicha distancia con carretas tiradas por bueyes, mulos o caballos y cargando miles de lingotes de oro. En https://www.google.es/maps/dir/Carmarthen,+Reino+Unido/Dolaucothi+Gold+Mines,+Pumsaint,+Llanwrda,+Dyfed+SA19+8US/@51.933906,-4.302181,11z/data=!4m14!4m13!1m5!1m1!1s0x486ec2cd35b50bdd:0x9776ccada9011a67!2m2!1d-4.312131!2d51.85762!1m5!1m1!1s0x486fa98b5bf22235:0x37a4841b073627e6!2m2!1d--3.95164!2d52.045118!3e2

La distancia que hay entre Cardiff, en Gales, y las minas de oro de en Dolaucothi, según Google Maps, es concretamente y según la ruta elegida de 64,5 millas, esto es, 103,8 kilómetros. Una persona caminando tardaría unas 21 horas y 37 minutos, esto es, a una velocidad de unos 4,8 km/h. Como en el caso anterior, Google Maps no indica el tiempo que se tardaría en recorrer dicha distancia con carretas tiradas por bueyes, mulos o caballos y cargando miles de lingotes de oro. En https://www.google.es/maps/dir/Cardiff,+Reino+Unido/Dolaucothi+Gold+Mines,+Pumsaint,+Llanwrda,+Dyfed+SA19+8US,+Reino+Unido/@51.9643706,-3.706479,11z/data=!4m19!4m18!1m10!1m1!1s0x486e02d434ec53f5:0x143406db6586670e!2m2!1d-3.17909!2d51.481581!3m4!1m2!1d-3.5302684!2d51.9171673!3s0x486e35998d4e344d:0x139916de239d9b75!1m5!1m1!1s0x486fa98b5bf22235:0x37a4841b073627e6!2m2!1d-3.95164!2d52.045118!3e2

Sin duda la opción de desplazarse a Meridunum era la más lógica, ya que era el puerto más cercano. Sin embargo se dirigieron a Cardiff.

—¿Y desde el campamento hasta Cardiff, cuántas leguas hay?

—Unas setenta leguas por una vía romana en mal estado —me respondió— y que en su mayoría es camino de tierra, y cuando llueve se convierte en un camino intransitable, además hay muchas colinas con pendientes, lo cual dificulta la marcha de las carros cargados con el oro, y cada legionario ha de cargar por lo menos con treinta kilos de pertrechos, más otros veinte de armas y armadura, con lo que estas setenta leguas se pueden hacer interminables.

—Tus legionarios pueden llegar a recorrer en media jornada de marcha unas veinticinco leguas —le apunté—, así que en un día y medio podríamos estar en Cardiff.

—Sí, pero has de tener en cuenta que los carros no avanzan tan rápido, y el camino que lleva hasta Cardiff es muy malo, hay varias colinas que hay que subir, con lo que la marcha se ralentizará mucho, yo calculo que necesitaremos no menos de cuatro días, y eso si avanzamos incluso de noche sin parar para descansar.

Equivalencias de unidades de longitud romanas, y datos sobre los legionarios:
—La legua romana equivale a 5.000 pies, o a 1.481 metros (aprox.). Teniendo en cuenta que entre el campamento y Cardiff hay 103,8 kilómetros, esto representa 70 leguas.
—Un legionario podía recorrer 36 kilómetros en cinco horas de dura marcha, y unos cincuenta kilómetros durante una jornada. Para poder mantener este ritmo los legionarios realizaban marchas tres veces al mes durante los veinticinco años que estaban en la legión.
—El equipo completo debía pesar por lo menos treinta kilos, y las armas y armaduras más de veinte.

—¿Y cómo es que no habías llevado antes el oro a Cardiff? —le pregunté.

—Hace un mes vino parte de la Guardia Pretoriana del emperador Adriano para escoltarnos hasta Cardiff, pero los legionarios de la III Cohorte se negaron, saben que ahí fuera, a varios días de marcha de nuestro campamento, hay acampado un gran campamento de bárbaros.

—Y si con la Guardia Pretoriana del emperador se negaron a salir, ¿por qué crees que con un grupo de nueve legionarios querrán hacerlo?

—¿Bromeas, Marcellus? Una cosa son los pretorianos y otra cosa eres tú y tu grupo. Cuando mis legionarios supieron de vuestra llegada la cosa cambió, ahora todos están de acuerdo en llevar el oro hasta Cardiff.

—Pero una vez embarcado el oro en el barco, ¿qué hará la III Cohorte? —le pregunté—. ¿Embarcará en más barcos?

—No, la III Cohorte irá hasta Londinium a pie.

La distancia que hay entre Cardiff y Londinium (Londres) es según Google Maps de 151 millas, esto es, 241 kilómetros. Una persona caminando tardaría 50 horas a unos 4,8 km/h. Como ya se ha mencionado, Google Maps no indica el tiempo que se tardaría en recorrer dicha distancia en carretas tiradas por bueyes, mulos o caballos y cargando miles de lingotes de oro.
https://www.google.es/maps/dir/Cardiff,+Reino+Unido/Londres,+Reino+Unido/@51.5091249,-2.8350211,8z/data=!3m1!4b1!4m14!-4m13!1m5!1m1!1s0x486e02d434ec53f5:0x143406db6586670e!2m2!1d-3.17909!2d51.481581!1m5!1m1!1s0x47d8a00baf21de75:0x52963a5addd52a99!2m2!1d-0.1277583!2d51.5073509!3e2

—No lo entiendo, con los pretorianos no querían ir hasta Cardiff, y con el Grupo VIIII no solo sí quieren, sino que luego irán hasta Londinium a pie.

—Mis hombres y yo no tenemos miedo a luchar contra los bárbaros y morir por Roma y por el emperador, lo que tenemos miedo es de perder el oro y que este no llegue a Roma. Sabemos lo que representa este oro para Roma. Pero ahora que estás tú y tus hombres, las cosas no pueden ir mal.

En aquel plan veía muchas cosas que sí podían ir mal, desde que los bárbaros tuvieran el campamento más cerca, y en vez de tardar cinco o seis días en llegar hasta donde estuviésemos lo hiciesen en solo dos o tres, y entonces nos atacasen en campo abierto, y si conseguíamos llegar a Cardiff, ¿quién nos aseguraba que el barco seguiría allí, y si seguía allí, quién nos garantizaba que no nos hundiríamos en una tormenta cuando fuéramos por mar dirección a Londinium? Sin duda demasiadas cosas dependían de la suerte, pero lo cierto es que aquellas últimas semanas mi vida había dependido por completo de la suerte, y dado que la diosa Fortuna me sonreía, pensé que seguro que aún podía tener un poco más.

Estuve comprobando los mapas que el centurión tenía de la zona y me aseguró que en tres o cuatro días podíamos recorrer la distancia que nos separaba hasta llegar al puerto de Cardiff, pero que dado que precisamente no teníamos cuatro días había tenido una idea, y era la de llevar el doble de animales de carga, y cuando unos estuvieran reventados de tirar las carretas, entonces cambiaríamos por los de refresco, y de esta forma podríamos incluso viajar de noche.

Al amanecer del día siguiente el campamento había sido levantado. Durante toda la noche los legionarios de la III Cohorte, ayudados por los soldados de las tropas auxiliares destacados en el campamento, lo desmontaron todo. El plan consistía en dejar algunos hombres defendiendo la mina de oro y el resto, esto es, legionarios y auxiliares, iríamos a Cardiff.

El plan del centurión dio resultado. El grupo y las carretas avanzamos durante el primer día y la primera noche sin parar. Si para los animales de carga aquella marcha era dura, para los legionarios y para los auxiliares aún lo era más, ya que los animales de carga se iban cambiando, pero los hombres no. Comíamos sobre la marcha con raciones de pan y carne y pescado seco. Como la primera noche no había luna, encendimos unos candiles que apenas dejaban ver nada, y lo que hicimos fue organizar hileras de unos diez hombres y el primero llevaba el candil, y el resto seguían al primero. Antes del amanecer del segundo día se puso a lloviznar, y a primera hora de la mañana la lluvia fue en aumento, por lo que el camino se embarró y los animales no podían tirar de los carros por el sobrepeso que llevaban, por esto ordené que los legionarios y los auxiliares se fueran turnando y empujaran las carretas para ayudar a los animales. Aquello ralentizó mucho la marcha.

A media tarde dejó de llover, pero para entones todos estábamos empapados y el camino estaba enfangado. El avance era más difícil en aquellas condiciones y los hombres estaban extenuados. El problema es que no podíamos parar y encender fogatas para que entraran en calor y pudieran descansar. Recuerdo que algunos desfallecían de cansancio, por esto todos mis hombres del Grupo VIIII les dejamos nuestros caballos y los que llevábamos de refresco, no era mucho, pero por lo menos no tuvimos que dejar en la cuneta del camino a dieciocho soldados. También previendo el agotamiento de los soldados llevábamos varias carretas con poco peso donde íbamos poniendo a los soldados que estaban agotados, y ya no podían dar un solo paso más.

La segunda noche todavía fue peor. Al agotamiento se le sumó el frío y todo ello estaba agravado porque estábamos empapados, por ello decidí parar unas horas y dar descanso a la tropa y a los animales, aunque no encendimos fogatas para no delatar nuestra posición, el centurión previendo algo así se había agenciado varios barriles de cerveza y de aguamiel y los distribuyó generosamente entre los hombres, por lo que todos recuperaron las fuerzas y entraron en calor.

Con el amanecer del tercer día salió algo el sol y antes de amanecer continuamos nuestra marcha, aunque el camino estaba enfangado, entre la cerveza y el aguamiel y el rato que pudimos descansar, así como el solecito que nos daba, avanzamos a buen ritmo y pudimos recuperar el terreno perdido. Según mis cálculos, si no pasaba ningún imprevisto más, llegaríamos al día siguiente.

—¡Bárbaros! ¡Bárbaros!

Uno de los exploradores que teníamos desplegados divisó un grupo de bárbaros que se acercaba a caballo por el norte. El explorador se acercó hasta donde estábamos el centurión y yo.

—Ave, tribuno Marcellus. Unos cien bárbaros a caballo se acercan desde el norte.

—¿Has podido ver si había con ellos bárbaros a pie?

—Lo único que he visto son cien bárbaros a caballo.

—No creo que nos ataquen —afirmó el Centurión—, entre los hombres de la III Cohorte y los Auxiliares nosotros somos más de ochocientos. En cualquier caso, creo que deberíamos dejar un grupo de trescientos Legionarios para detener a esos bárbaros.

—No pienso dividir el grupo —espeté—. Mientras no divisemos más bárbaros, ya sea a caballo o a pie, seguiremos avanzando todos juntos, lo que ellos quieren es ralentizar nuestra marcha para ganar tiempo y que llegue el grueso de los bárbaros, y no caeremos en su trampa.

La presencia de los bárbaros dio vigor y ánimos a los soldados de Roma. Justo antes de que el explorador informase de la presencia de los bárbaros, las caras de aquellos hombres eran el claro reflejo del agotamiento, y de golpe, todo cambió, una fuerza interior los rearmó, y en sus caras ya no se reflejaba el cansancio, en ese momento sus caras reflejaban las ansias de luchar contra los bárbaros. Gracias a ese vigor, durante todo el día avanzamos sin problemas.

La cuarta noche se presentaba muy difícil, ya que aquellos bárbaros a caballo nos podían emboscar, además, era posible que otros bárbaros nos hubieran preparado alguna emboscada por el camino, por esto ordené que todos los hombres portasen antorchas, y además ordené que grupos de unos veinte hombres avanzasen en paralelo a nosotros pero a cierta distancia del grupo, de esta forma sus antorchas iluminarían alrededor del camino.

Para calmar los ánimos ordené que los hombres cenasen. Era la cuarta noche que llevábamos caminando sin parar ni un solo instante, exceptuando el descanso de la segunda noche, incluso nuestras necesidades ligeras las hacíamos mientras caminábamos, y las otras, los hombres se paraban al lado del camino, y cuando habían terminado volvían corriendo a su puesto en la formación. Recuerdo que cuando fui a la retaguardia para ver la caballería de los bárbaros vi cómo estábamos dejando el camino, la verdad es que a los bárbaros no les resultaba muy difícil seguirnos, solo tenían que seguir las pistas que ochocientos hombres íbamos dejando.

Durante la noche hubo un intento de atacarnos por parte de varios jinetes bárbaros, pero el Grupo VIIII los neutralizó con la ayuda de varios equites de la III Cohorte. Lo cierto es que no llegamos a combatir. Mis hombres y yo, que habíamos vuelto a montar en nuestros caballos y ocho equites cuando fuimos alertados de la presencia de caballería de los bárbaros, aunque era de noche y apenas se veía nada, nos lanzamos al ataque, y al vernos los bárbaros, huyeron. Me imagino que estaban midiendo nuestra capacidad de reacción para ver si nos atacaban o no, ya que solo diecisiete jinetes no podíamos hacer frente a los cien jinetes bárbaros, y por esto huyeron al vernos.

A la mañana siguiente vimos cómo un grupo de soldados que estaban destacados en el campamento de Cardiff se acercaban hasta nuestra posición. Con ellos iban animales de tiro de refresco para las carretas, y además llevaban comida y agua, con lo que mis legionarios pudieron comer y beber, y aunque no paramos la marcha, por lo menos recuperaron las fuerzas.

El último tramo del viaje hasta Cardiff fue tranquilo y sin sobresaltos. El plan del centurión dio resultado y esquivamos a los bárbaros y el oro de Roma se puso a salvo.

No me voy a extender más sobre los días que mi antepasado Marcellus estuvo en Cardiff a la espera de que el mar fuera navegable, básicamente tuvo ocasión de conocer el funcionamiento de las naves de guerra de Roma y aprendió cómo navegar con aquel tipo de embarcaciones. Al quinto día de espera pudieron zarpar rumbo a Londinium; la travesía fue algo movida, aunque llegaron a buen puerto sin muchos problemas.

Cuando los bárbaros vieron la llegada de refuerzos y la proximidad de Cardiff, desaparecieron. Sin duda ellos sabían que en campo abierto tenían alguna posibilidad de derrotarlos, pero detrás de las empalizadas de Cardiff les era del todo imposible, además, dado que los bárbaros a pie no llegaron a tiempo, los escasamente cien jinetes que los perseguían eran del todo insuficientes para derrotar a la III Cohorte de la Legio VIIII Hispana y a las tropas auxiliares que les acompañaban. He de decir que, a pesar del sobresfuerzo que hicieron los legionarios de la III Cohorte de la Legio VIIII Hispana y los soldados de las tropas auxiliares que les acompañaban, todos llegaron a Cardiff.

A la llegada al puerto de Londinium, el emperador Adriano les estaba esperando en el mismo puerto, cuando Marcellus desembarcó y lo vio, se dirigió directamente a su encuentro.

—Ave, emperador Adriano —dije.

—Amigo Marcellus, has logrado llegar sano y salvo, y has logrado traer todo el oro.

—Sí.

—Creo que te debo una disculpa, me temo que no te lo expliqué todo, pero este oro es fundamental para las arcas de Roma. Hoy mismo la nave partirá rumbo a la Galia para emprender camino por tierra hasta Roma, donde será fundido y se acuñarán monedas. ¡No te imaginas lo necesario que es para Roma todo este oro! Que encontráramos la veta de oro ha sido una bendición de los dioses, ya que esa mina nunca había dado tanto oro.

—Me hago cargo.

—¿No me guardas rencor, amigo Marcellus?

—¿Rencor? ¿Por qué?

—Por omitir algunos detalles de tu misión. Espero que entiendas que tú y el Grupo VIIII erais mi única esperanza de traer el oro, ni siquiera mi Guardia Pretoriana fue suficiente para convencer a los legionarios de la III Cohorte de que trajesen el oro, ellos decían que si perdían el oro sería culpa suya, y me pidieron si podía enviar otra cohorte para escoltar el oro, y como bien sabes, en estos momentos Roma anda un poco justa de hombres en Britania, por esto se me ocurrió enviarte a ti y al Grupo VIIII. No sois una cohorte, pero infundís los mismos ánimos que quinientos hombres juntos.

—Eso es algo que a mis hombres y a mí nos ha sorprendido mucho, todos los legionarios de la III Cohorte saben de nuestras hazañas ante los *spectrum* y eso que por esa zona apenas han visto unos pocos, tal vez se debería ordenar que no se hable de la existencia de los *spectrum*, lo digo más que nada porque cuando consigamos eliminarlos a todos se hablará de ello en todas las tabernas y en todos los poblados, y tal vez lo mejor sería que esto se olvidase.

—Es una buena idea —dijo Adriano—. Déjame que lo medite un poco.

El mismo día de nuestra llegada, el barco que llevaba el oro partió con la escolta de varios navíos de guerra, en dirección a la Galia.

CAPÍTULO VIII

Expedición para eliminar al
gran grupo de *spectrum*

Adriano dio orden de que no quedase constancia en ningún escrito, en ninguna crónica ni en ningún informe de la presencia de los *spectrum*, por lo que nada se escribió, y todo lo que había escrito fue destruido. Además, para que lo sucedido no se transmitiera de forma oral se ordenó que ningún legionario, ningún soldado de las unidades auxiliares, ningún marinero ni ningún comerciante comentase lo sucedido, y si alguno lo hacía sería arrestado y sentenciado a muerte, pena que se cumpliría en el mismo momento. Además Adriano, para compensar el dolor de la pérdida de los compañeros legionarios muertos, y para que todos olvidasen rápido lo sucedido, dio orden de que todos los legionarios cobrasen la paga íntegra que recibían en un año, por lo que a cada legionario y a cada soldado de las tropas auxiliares se le entregó un saco con monedas de oro, con lo que todos olvidaron rápidamente lo sucedido, y si alguno no lo hacía y se le pillaba hablando de ello era ejecutado en el mismo lugar donde había cometido el delito, ya fuera una taberna, en la vía pública o en un cuartel, poco importaba el sitio, de esta forma todos aprendieron que no se podía hablar.

Esto demostraría, primero, por qué después de lo sucedido no ha quedado constancia escrita de estos hechos, y además por qué simplemente la Legio VIIII Hispana desapareció de las crónicas romanas, así como de todos los escritos de la época. Simplemente un día se dejó de escribir de la Legio VIIII Hispana ya que el emperador Adriano dio orden de que no se hablase ni se escribiese nada, y lo ya escrito fue todo destruido.

Un día, cuando todo estaba olvidado, o por lo menos nadie hablaba del tema, un jinete llegó al galope hasta la entrada de Londinium. Después de darle el alto, los legionarios que estaban de guardia en la puerta, dieron orden de que fuera conducido hasta mi tienda. Desde hacía semanas los legionarios que estaban de guardia en la puerta de acceso al campamento tenían orden de que, en caso de que llegase alguien con noticias del norte, fuese legionario, romano o bárbaro, y portase noticias de los *spectrum*, lo enviasen de inmediato a mi tienda.

—Ave, Marcellus —gritó un legionario desde fuera de la tienda.

Yo inmediatamente salí y vi a un legionario con cara de estar agotado que al verme, se derrumbó en el suelo.

—¿Qué sucede, legionario? —le pregunté.

—Los hemos visto —exclamó el legionario con dificultad.

El legionario que estaba de guardia en la puerta y que lo había acompañado, preguntó:

—¿A quiénes habéis visto?

Al principio el legionario vaciló en responder, sabía que no se podía hablar de los *spectrum*, ni tan siquiera se podían mencionar su nombre, por ello, y viendo su angustia, le dije:

—Habla sin temor, soy yo quien te ordena que hables, por lo que no te puede pasar nada.

Viendo que podía hablar libremente, dijo:

—A unos pocos días de aquí una horda de *spectrum* se aproxima hacia Londinium arrasando todo lo que encuentra a su paso. Yo y varios legionarios fuimos enviados por el comandante de mi campamento para pedir auxilio y para avisar de la llegada de los *spectrum*.

Viendo la situación mis hombres y yo cogimos en volandas a aquel legionario y lo llevamos a la tienda de Adriano, que en ese momento estaba departiendo una reunión con casi todos sus oficiales, por lo que no hizo falta avisarlos.

—Me temo que os traigo malas noticias —le dije a Adriano—, los *spectrum*, tal como os dije, no fueron eliminados, y tal como os dije se estaban agrupando, y así ha sido. Ahora vienen en dirección a Londinium.

—Eso es imposible —exclamó uno de los oficiales—, los hubiéramos detectado.

—¡Detectado!, ¿cómo los podríamos detectar si hace semanas que no enviamos patrullas al norte? —le espeté.

—Haya calma —intervino Adriano, y dirigiéndose al legionario, dijo—: ¿Cuántos *spectrum* has podido ver y contar?

—Mi comandante me dijo que por lo menos había cien mil.

—¿Y él cómo sabe que había tantos? —le espetó uno de los oficiales—. ¿Es que se paró a contarlos?

—Lo sabe porque avanzaban por una zona llana donde se veía hasta el horizonte, y hasta donde alcanzaba la vista se veían esas cosas.

—Bueno, ¿y eso qué tiene que ver con que sepa cuántos son? —lo interrumpió el oficial.

—Pues lo puede saber porque en esos campos nuestra cohorte hacía maniobras y se entrenaba, y solo ocupábamos un pequeño trozo de todo el valle, por lo que me imagino que habrá sumado nuestra cohorte tantas veces hasta llenar todo el valle, pero además he de decir que cuando nos fuimos, seguían llegando más y más *spectrum*.

—¿Y el resto de legionarios que fueron enviados contigo para hacernos llegar este mensaje? —pregunté.

—Después de forzar los caballos nos fuimos quedando sin ellos, así que al final me dieron los pocos caballos que podían resistir, y yo los he cabalgado hasta reventarlos, y conforme caían reventados, los dejaba en el camino y me subía en otro, así hasta el último.

—¿Y ahora qué hacemos? —preguntó otro de los oficiales.

—Habrá que ir a socorrer a los hombres del campamento —afirmó Adriano.

—Mi comandante me pidió que le dijera a Marcellus que él tenía razón, que esas cosas es imposible pararlas, y además me pidió que le dijera al emperador que no enviase a la Legio VIIII Hispana en su ayuda, ellos ya estaban muertos y no se les podía auxiliar. Y que intentarían resistir todo lo que les fuera posible para dar al emperador el máximo tiempo posible para preparar las defensas de Londinium.

—¿Cuántos legionarios y tropas auxiliares había en ese campamento? —preguntó Adriano dirigiéndose a sus oficiales.

En esto que el legionario le respondió:

—En el campamento había una cohorte y varias tropas auxiliares, en total mil cien hombres.

—¿Y tú cómo sabes eso, legionario? —le preguntó uno de los oficiales.

—Porque mi comandante antes de partir nos dijo los hombres que Roma acababa de perder en ese campamento a manos de los *spectrum* por no haber escuchado al tribuno Marcellus.

—A estos mil cien hombres hay que sumarles los mil doscientos que perdimos en mi campamento —añadí—. De momento hemos perdido dos mil trescientos buenos soldados, lo que representa que hemos perdido uno de cada cuatro legionarios, y tropas auxiliares con las que contaba la Legio VIIII Hispana, y todavía no nos hemos enfrentado en el campo de batalla con los *spectrum*.

Primero perdimos la IX Cohorte y varias tropas auxiliares, en total unos mil doscientos legionarios y soldados de las tropas auxiliares, y ahora acabábamos de perder la V Cohorte y varias tropas auxiliares, en total unos mil cien legionarios y soldados de las tropas auxiliares, en total unos dos mil quinientos legionarios y soldados de las tropas auxiliares. De los cerca de cinco mil legionarios que formaban la Legio VIIII Hispana, y de los cerca de cinco mil soldados de tropas auxiliares que la acompañaban, esto es, de los cerca de diez mil soldados de la Legio VIIII Hispana, en pocos meses, se había perdido a más de dos de cada diez. Sin duda nuestras tropas estaban sufriendo unas bajas que no nos podíamos permitir, y encima nuestro enemigo seguía aumentando en número, por ello y aprovechando la presencia de los oficiales, le pedí a Adriano que ordenase movilizar a toda la Legio VIIII Hispana y atacáramos a los *spectrum*, y fue entonces cuando Adriano, en vez de pedir consejo a sus oficiales, se dirigió a Liu Hu, el cual había entrado poco después de que lo hiciera yo con el legionario, y le preguntó:

—¿Qué me aconsejas que hagamos?

—Llegado a este punto lo único que podemos hacer es agrupar no solo a la Legio VIIII Hispana, sino a las otras dos legiones que hay en Britania, así como a todas las tropas auxiliares, y atacar a los *spectrum*, para ello te aconsejo que los legionarios y tropas auxiliares se cubran brazos y piernas, ya sea con cuero o metal, además debes ordenar que cualquier soldado que sea mordido o arañado por un *spectrum* sea eliminado de forma inmediata con un golpe certero en su cráneo, sin darle tiempo a nada.

Legiones romanas en Britania:
En la época que sucedieron los hechos había destacadas tres legiones romanas en Britania, y son estas tres legiones a las que mi antepasado hace mención, así como a las tropas auxiliares que las acompañaban:
1. Legio IX Hispana. Acuartelada en la localidad de Eboracum, que es la actual ciudad de York. «Legio IX Hispana», en http://es.wikipedia.org/wiki/Legio_IX_Hispana
2. Legio XX Valeria Victrix. Acuartelada Deva Victrix (Chester). La legión ayudó en la construcción de la parte oeste del muro de Adriano entre los años 122 y 125. «Legio XX Valeria Victrix», en http://es.wikipedia.org/wiki/Legio_XX_Valeria_Victrix
3. Legio II Augusta. Acuartelada en Isca Silurum (Caerleon). En el año 122 participó en la construcción del muro de Adriano. «Legio II Augusta», en http://es.wikipedia.org/wiki/Legio_II_Augusta
4. Legio II Adiutrix. Deva Victrix (Chester). Hasta el año 87 también estuvo destacada en Britania la Legio II Adiutrix. Sobre esta legión mi antepasado no hace ninguna mención, me imagino porque se fue muchos años antes de que él llegase a Britania. «Legio II Adiutrix», en http://es.wikipedia.org/wiki/Legio_II_Adiutrix
5. Legio VI Victrix. La Legio VI Victrix estaba en Germania. Permaneció en esta provincia hasta la época de Adriano. En el 119, Adriano trasladó la legión al norte de Britania para apoyar a las legiones allí destacadas. Victrix fue clave en la consecución de la victoria y eventualmente reemplazaría a la Legio IX Hispana. En el 122 la legión trabajó en las construcción del muro de Adriano. Mi antepasado habla mucho sobre esta legión, aunque yo no he transcrito nada sobre ella. Mi antepasado dice en sus escritos que «la Legio VI Victrix nunca llegó a ver ni saber nada. Para ellos, la Legio IX Hispana fue aniquilada por los bárbaros del norte de Britania». «Legio VI Victrix», en http://es.wikipedia.org/wiki/Legio_VI_Victrix#VI_Victrix_en_Gran_Breta.C3.B1a

Cada legión romana tenía 5.120 infantes más 120 jinetes, por lo que las tres legiones destacadas en Britania sumaban unos quince mil legionarios y unos trescientos sesenta jinetes. Al final fueron reforzados por la Legio VI Victrix con unos cinco mil legionarios más, pero estas no llegaron a participar en la lucha contra los spectrum. Asimismo había destacados un número aproximado de entre quince y veinte mil tropas auxiliares, aunque este número es imposible de precisar. Un cálculo aproximado cifraría la presencia de unos quince mil legionarios y unos veinte mil de tropas auxiliares, esto en total disponía de unos treinta y cinco mil soldados. Para más información sobre las legiones romanas, «Legiones romanas» en http://es.wikipedia.org/wiki/Anexo:Legiones_romanas

—¿Entonces debemos ir a su encuentro? —preguntó unos de los oficiales.

—Si la información que nos ha dado este legionario es correcta —dijo Liu Hu— no hará falta, tan solo tenemos que esperar su llegada, y me imagino que no tardarán en llegar más de unos pocos días, tiempo más que suficiente para preparar a los hombres y las trampas.

Adriano, ante la gravedad de los hechos, hizo algo inesperado.

—No podemos sacrificar a todas las legiones y tropas auxiliares que tenemos en Britania, si todas las legiones destacadas en Britania son eliminadas por los *spectrum* eso nos debilitará en la Galia y en Germania, por ello las legiones XX Valeria Victrix y II Augusta, así como las tropas auxiliares que las acompañan, no participarán, y en caso de ser derrotados, estas legiones abandonarán Britania.

La decisión podía parecer un tanto arbitraria: en vez de atacar con todos los efectivos, Adriano decidió ser prudente y enviar a la batalla a la Legio IX Hispana y a sus tropas auxiliares, de esta forma si éramos derrotados pondría a salvo al resto de legiones y solo perdería Britania y a una legión. En cambio, si todos los efectivos destacados en Britania luchaban contra los *spectrum* y éramos derrotados, además de perder Britania, lo más seguro es que Roma también perdiera la Galia y Germania, ya que al perder a tantos legionarios Roma quedaría demasiado debilitada. No hay que olvidar la remesa de oro que Adriano había enviado a Roma, que le daba cierta tranquilidad económica, pues las arcas de Roma volvían a estar llenas, y si éramos derrotados, ninguno de sus enemigos podría aprovecharse de las minas de oro y plata de Britania.

Siempre he pensado que en el fondo Adriano quería perder Britania, la cual solo le reportaba problemas a Roma, y con ello poder destacar las legiones de Britania en la Galia o en Germania. Sí que es cierto que las minas de oro y plata de Britania dejaban grandes beneficios a Roma, pero también es cierto que Britania era una isla y que, como tal, no le permitía a Roma conquistar otras tierras, en cambio Germania permitía conquistar tierras inexplotadas por Roma.

Ninguno de los oficiales presentes en la reunión objetó lo más mínimo, y más porque muchos de ellos pertenecían a las otras legiones. También, entre los oficiales y sobre todo entre los legionarios de la Legio IX Hispana existía un sentimiento de revancha y desquite que los impulsaba a querer vengarse de los *spectrum* y dado que Adriano lo sabía, jugó con ese sentimiento de odio.

Adriano, viendo que ningún oficial ponía ninguna objeción, prosiguió:

—Nombro al tribuno Marcellus al mando de todas las legiones que hay en Britania, así como de todas las tropas auxiliares, él y sus hombres del Grupo VIII serán los encargados de prepararnos para detener la envestida de los *spectrum* y de eliminarlos a todos, o si no, morir en el empeño. Si la Legio IX Hispana cae, con ella caerá toda Britania, por lo que el resto de las tropas zarparán a la Galia.

En pocos meses había ascendido más rápido que cualquier otro legionario, a no ser que fuera de familia noble y este se pagase su ascenso y su cargo, pero este no era mi caso. Ahora tenía que ordenar que unos ocho mil hombres, entre legionarios y tropas auxiliares, se preparasen para el mayor ataque que habían sufrido en sus vidas, y eso que la Legio VIIII Hispana y muchos de aquellos legionarios habían estado en un sinfín de batallas. El resto de romanos destacados en Britania se comenzó a preparar por si tenía que zarpar y dejar Britania.

En menos de una hora salieron mensajeros en dirección a todos los campamentos con la orden de dirigirse inmediatamente a marchas forzadas con los hombres y las armas en dirección a Londinium, todo lo que pudieran estar haciendo, quedaba suspendido. Tendrían que caminar de día y de noche para llegar lo antes posible. Aunque en las órdenes que se enviaron no se mencionaba nada de los *spectrum*, todos supieron al leerlo que se trataba de un ataque de esas cosas.

Los legionarios y tropas auxiliares de la Legio VIIII Hispana nos teníamos que preparar para la lucha, el resto de soldados se tenía que preparar, en caso de ser derrotados, para dejar Britania para siempre.

Con los soldados que había destacados en Londinium, y conforme fueron llegando el resto de legionarios de la Legio VIIII Hispana, los nueve nos dedicamos a formarlos y a instruirlos, asimismo todos se pertrecharon con cuero y telas gruesas con las que cubrieron sus brazos, piernas y cuellos.

Mientras tanto, Lui Hu nos enseñó cómo preparar el campo de batalla. Primero elegimos una zona que nos fuera propicia, y la encontramos. Se trataba de una gran planicie, y al final de la misma, esto es, en la zona sur o la zona más próxima a Londinium, había una zona elevada, con lo que los *spectrum* llegarían desde el norte, y después de atravesar toda la planicie terminarían en la zona elevada, lo cual nos daba cierta ventaja. Lui Hu ordenó cavar una zanja profunda y ancha justo en medio de la planicie y dos zanjas iguales a cada lado, estas últimas las llenó de agua gracias a que había un río cerca, y en la del centro hizo construir una prolongación de ese río para inundarla cuando se precisara. En la zona elevada situada al sur no hizo una zanja, sino que clavó estacas a modo de empalizada, y no hizo una hilera de estacas, sino que hizo tres, ya que según él con la cantidad de *spectrum* que nos atacarían como mínimo precisaríamos tres hileras bien surtidas de estacas. Las estacas se clavaron en el suelo y se dejaron con un determinado ángulo para que se pudieran clavar en el cuerpo de los *spectrum*. También se requisaron las reservas de brea, aceite y grasa de animal de todas las aldeas y se requisaron todas las ánforas que se pudieron encontrar.

Para que los *spectrum* entraran en nuestro campo de batalla y pudieran caer en la trampa al principio de la planicie, esto es, en la parte norte, construimos una empalizada a cada lado con lo que formamos un embudo, y los *spectrum* que se acercasen por esa zona terminarían entrando en nuestra trampa.

En la parte elevada de la parte sur se construyeron unas torres elevadas de más de veinte pies de altura, las cuales estaban unidas por unas pasarelas, con lo que por la parte de abajo podían pasar los soldados, pero en la parte de arriba se podían situar todos los arqueros. La idea era que desde esas plataformas elevadas los arqueros pudieran eliminar con sus flechas a los *spectrum*.

Nuestros exploradores me habían informado de que

habían avistado al grueso de los *spectrum* a varios días de distancia de Londinium, pero en realidad no hubiera hecho falta enviar a los exploradores, ya que cada día llegaban más y más refugiados que huían del avance imparable de los *spectrum*. Los aldeanos huían despavoridos al ver la llegada de miles y miles de aquellas cosas, y lo peor es que todas aquellas personas presas del pánico se negaban a ayudarnos y a colaborar en la construcción de la trampa, y mucho menos en la lucha contra los *spectrum*. Se negaron a ayudarnos no porque fuéramos romanos, o lo que es lo mismo, sus enemigos, sino por el miedo que se había apoderado de ellos ante la llegada de los *spectrum*, y eso que Adriano había prohibido hablar de esas cosas, pero claro, una cosa eran los legionarios y otra los habitantes de Britania.

Dado que los informes eran cada vez más alarmantes, y dado que los exploradores que enviábamos cada día cifraban de forma inexacta la cantidad de *spectrum* que había y a qué distancia estaban, decidí ir a verlo personalmente. En aquella expedición me hice acompañar por Liu Hu y por Maximus, el primero porque era el que más conocimientos tenía sobre los *spectrum*, y el segundo porque, al igual que yo, podía valorar si nuestros legionarios aguantarían el envite de las hordas de *spectrum*.

Salimos antes de que amaneciese, escoltados por seis legionarios, y cada uno llevaba un caballo de refresco. No hubimos cabalgado ni media jornada cuando comenzamos a ver a los primeros, y no fue hasta mediodía que vimos al grueso. Aunque era difícil determinar su número exacto, después de dar la vuelta a la masa calculamos que estaban avanzando sobre Londinium como mínimo los cien mil que habíamos previsto, y otros cien mil más, así pues, calculamos que unos dos cientos mil *spectrum* avanzaban sobre nosotros, y al paso que llevaban llegarían a nuestra trampa entre el día siguiente y el otro a más tardar.

De regreso al campamento me reuní con Adriano y le expliqué la situación. Por un lado doscientos mil *spectrum* se acercaban sobre Londinium, y por el otro para hacerles frente, solo unos tres mil legionarios y unos cuatro mil soldados de tropas auxiliares. ¡Sin duda la proporción era desproporcionada! Por ello le insistí en poder contar con la ayuda de la Legio XX Valeria Victrix y la Legio II Augusta, así como de sus tropas auxiliares, pero Adriano lo tenía muy claro, esos legionarios los necesitaba por si la Legio IX Hispana no lograba derrotar a los *spectrum*, en cuyo caso abandonarían Britania y las destacaría en la Galia y en Germania.

Cuando le estaba explicando la situación dentro de su tienda, me hizo callar. Al principio pensé que no quería hablar conmigo de ese tema, pero entonces Adriano abrió la cortina que separaba en dos su tienda y dejó ver quién había detrás.

—¿Ya os conocéis, verdad? —afirmó Adriano—. Nuestro amigo Lucio ha venido a ayudarnos.

Recuerdo que no pude ocultar mi sorpresa.

—Te creía escondido en las montañas. ¿Qué te ha hecho cambiar de opinión?

—Si ahora Roma no logra eliminar a todos los *spectrum* —dijo Lucio—, difícilmente lo conseguiremos nosotros, así pues, amigo Marcellus, como tú acostumbras a decir, «los enemigos de mis enemigos, amigos míos son», por lo que una vez hayamos derrotado a todos los *spectrum* Adriano me ha dado su palabra de que nos dejará regresar a nuestras tierras del norte en paz.

—Siempre y cuando, claro está, nosotros permanezcamos en ellas también en paz —apostilló Adriano.

Conocía a Adriano muy bien, y si daba su palabra, la cumplía hasta el final, por esto rara vez la daba a nadie, y menos a un bárbaro, por lo que si le había dicho que lo dejaría ir en paz, y además le había dado su palabra, es que alguna cosa debía estar tramando.

La reunión que mantuvimos en la tienda de Adriano sirvió para ultimar los detalles. Las trampas preparadas por Liu Hu estaban casi terminadas, las dos zanjas laterales estaban llenas de agua y la central estaba preparada para ser inundada. Las empalizadas que harían de embudo habían sido terminadas, y las torres con las plataformas para los arqueros, así como las estacas, estaban puestas, sin duda la ayuda que finalmente recibimos de los aldeanos gracias a la intermediación de Lucio fue decisiva, puesto que con solo mis legionarios no hubiéramos podido terminar aquello en apenas unos días.

Los exploradores situaban a la horda a tan solo medio día, de hecho algunas avanzadillas de *spectrum* ya habían llegado hasta la planicie, en ese caso eliminarlos fue una tarea fácil para los arqueros, el problema lo tendríamos cuando doscientos mil *spectrum* se concentrasen en la planicie. Para canalizar mejor la llegada de los *spectrum* y que estos entrasen por donde queríamos, Liu Hu nos sugirió el truco del cebo, que consistía en que varios legionarios que fuesen muy ágiles y corriesen muy rápido, se acercasen hasta la horda de *spectrum* y estos al verlos les siguieran, con lo que de esta forma conseguiríamos que la horda entrase a nuestra trampa, ya que los *spectrum* cuando van en manada siempre siguen al que tienen delante, y si los que iban delante seguían a los legionarios, el resto de la manada seguiría a los primeros *spectrum*, con lo que todos entrarían en nuestra trampa. Y la verdad es que el truco funcionó, los *spectrum* siguieron a los cebos, pero seguían avanzando al mismo paso lento de siempre, a pesar de ver carne fresca no se animaban a correr. La verdad es que nunca los había visto corriendo, siempre avanzaban al mismo paso, por ello calculamos que hasta las primeras horas de la mañana siguiente no habrían entrado todos en la trampa, y así fue.

Con el amanecer de los primeros rayos de sol pudimos ver que la planicie se había llenado durante buena parte de la noche de una gran cantidad de *spectrum*. Los exploradores que envié me confirmaron que todos los *spectrum* estaban en la horda de la planicie.

La función de Lucio y sus bárbaros era la de hacer de tapón de la trampa, por lo que rodearon la horda y se pusieron al norte, además, tenían que eliminar a todos los *spectrum* que se despistasen y no entrasen en la trampa, y una vez todos estuvieran dentro de la planicie, encerrados por los lados por dos paredes de agua y enfrente por empalizadas de estacas, ellos cerrarían por el norte con carros llenos de piedras, de esta forma los habríamos encerrado y la Legio VIIII Hispana se encargaría de ir eliminándolos a todos.

Dado que avanzaban tan poco a poco, tardaron un día en entrar los más de doscientos mil *spectrum*. Para saber exactamente cuántos lo habían hecho situé en los extremos de la entrada de la trampa unas torres en las que puse apostados a varios legionarios cuyo único trabajo era el de contar cuántos entraban. Después de que pasaran me informaron de que contaron más de doscientos mil, si no se habían descontado, las cuentas les salían que entraron entre doscientos veinte y doscientos veinticinco mil. En cualquier caso, mil más o mil menos, poco importaba, ya que por cada legionario de la Legio VIIII Hispana y de las tropas auxiliares que nos acompañaban había unos treinta *spectrum*, sin duda una desproporción inasumible en circunstancias normales, pero aquella no era una circunstancia precisamente normal, por lo que aún era más inasumible. Además había que contar los bárbaros de Lucio, que aproximadamente era unos cinco mil hombres, según él, pero igualmente la desproporción seguía siendo inasumible, y estaba por ver lo que harían llegado el momento.

Después de estar entrando durante todo un día, y una vez lo hubieron hecho por el norte los últimos *spectrum* dentro de la trampa, Lucio cerró la entrada con los carros cargados de piedras y empalizadas creadas para ser movidas con facilidad. Ahora estaban todos encerrados, por lo que el plan de Liu Hu ya se podía llevar a la práctica. Tal como estaba previsto, primero los arqueros comenzaron a eliminar con sus flechas a los *spectrum* que tenían a su alcance. Dado que los *spectrum*, además de no saber estarse quietos, no percibían el peligro, seguían presionando sobre los lados y muchos caían al agua de las dos zanjas laterales, por esto había apostado a mis legionarios a cada lado de la trampa justo detrás de las zanjas llenas de agua, y a todos los *spectrum* que caían en la zanja, los legionarios los eliminaban con unas largas pértigas a las que al final de las mismas habíamos puesto espadas, con lo que de esta forma podíamos asestar certeros golpes en los cráneos de los *spectrum* y dado que los legionarios estaban lejos, no corrían peligro alguno. Así estuvimos más de un día, los arqueros eliminando con sus flechas a los *spectrum*, y los legionarios con sus pértigas haciendo lo propio.

Lo que no entendía era para qué servía la zanja que estaba vacía en el centro, y a pesar de que en varias ocasiones se lo pregunté a Liu Hu, este nunca encontró el momento de explicármelo, pero al segundo día lo pude entender. En un momento dado, casi de golpe, pareció que los *spectrum* querían irse a un lado de la explanada, con lo que los legionarios que había en ese lado no los hubieran podido contener, fue entonces cuando Liu Hu ordenó inundar la zanja del centro, con lo que dividió en dos a los *spectrum* y evitó una avalancha sobre uno de los lados, según Liu Hu era habitual que de forma incomprensible e inexplicable los *spectrum* se lanzaran en avalancha sobre un punto determinado, en este caso sobre uno de los flancos, y fue por esto que hizo construir la zanja central, pero esta la dejó vacía y solo la utilizaría para dividir a la horda en caso de necesidad.

Al tercer día los legionarios estaban agotados, al duro trabajo de eliminarlos con pértigas y flechas se le sumaba la falta de descanso, y el trabajo que habían tenido que hacer montando las trampas, y por si fuera poco, el ensordecedor ruido que emitían los más de doscientos mil *spectrum* hacía que aquella situación fuera imposible de soportar.

El problema es que los montones de *spectrum* eliminados con las flechas y con las pértigas permitieron en algunos puntos que o bien flanquearan la zanja lateral de agua o bien saltasen por encima de las tres empalizadas de estacas, con lo que las cosas cambiaron radicalmente, ahora en algunos puntos se estaba comenzado a luchar cuerpo a cuerpo. Fue entonces cuando con las catapultas comenzamos a lanzar las jarras llenas con brea, aceite y grasa de animal sobre toda la horda, intentando repartir por igual el líquido inflamable. Cuando las hubimos lanzado todas, los arqueros lanzaron flechas con la punta con fuego, con lo que en un instante toda la horda se puso en llamas. El espectáculo era insufrible, además del ruido que emitía y del pestazo propio suyo, se le sumó el hedor de carne podrida quemada, olor que yo había olido antes, pero que para la mayoría de mis hombres era algo nuevo e imposible de soportar. Ante aquel espectáculo muchos pensamos que por fin habíamos podido dominar a la horda, pero nada más lejos de la realidad, los *spectrum* comenzaron a rebasar más puntos de las zanjas laterales y la empalizada de estacas, por lo que las cosas no iban mucho mejor.

El Grupo VIIII y yo estábamos en la zona sur con el emperador Adriano. Recuerdo cuando Liu Hu se dirigió a mí, y me dijo:

—Me temo, amigo, que he fracasado.

—¿Fracasado?, ¿cómo que has fracasado? ¡No te entiendo! —le repliqué.

—Pues está muy claro, los *spectrum* han logrado romper nuestras líneas y tus legionarios están luchando cuerpo a cuerpo.

Desde la posición elevada en la que estábamos el panorama que se veía era de absoluto caos, lo único que pude hacer fue dividir en tres grupos las reservas que tenía y enviar un grupo a cada flanco, y dejar otro grupo en la parte sur de la trampa. Los *spectrum* no tenían descanso, luchaban de día y de noche sin parar ni descansar, sin comer y sin beber, sin dormir ni un solo instante; en cambio mis legionarios llevaban varios días en pie sin poder descansar, primero preparando la trampa y luego luchando contra los *spectrum*, y aunque llevaban varias raciones para comer y habíamos situado abundante agua para cada grupo, esta se terminó, por lo que ordené enviar más comida y agua.

Lo que más me preocupaba no eran las bajas, sino los heridos. Había dado la orden de que cualquier legionario que fuera mordido o arañado fuera eliminado inmediatamente para evitar que se convirtiera en un *spectrum*, pero no tenía noticias de que mis hombres estuviesen cumpliendo mis órdenes, y si no los eliminaban se convertirían en *spectrum* y tendríamos al enemigo entre nuestras propias filas como ya nos había pasado antes.

Al tercer día estábamos luchando todos contra los *spectrum*, las zanjas llenas de agua y las empalizadas de estacas habían sido rebasadas completamente la noche anterior, y era una lucha sin tregua contra un enemigo al que, cuando se eliminaba a uno, detrás aparecían dos. La desproporción de treinta a uno era imposible de superar, además los tres días de batalla sin cuartel habían llevado al límite a mis hombres.

Finalmente los *spectrum* alcanzaron la zona más alta del montículo donde Adriano había puesto su tienda, los nueve hicimos una barrera humana para parar a los cientos de *spectrum* que avanzaban sobre nosotros. Recuerdo que en aquel momento vi nuestro fin, y no solo el mío y el del Grupo VIIII, sino también el del emperador Adriano, el cual se negó a dejar el campo de batalla, si es que aquello se le podía llamar así, y decidió permanecer junto a sus hombres hasta el final. Ya nada los podía detener, los *spectrum* habían conquistado la zona elevada del montículo de la zona sur, además en ambos flancos los *spectrum* habían rebasado la zanja de agua y se estaba luchando cuerpo a cuerpo. ¡Era el fin de la Legio VIIII Hispana! ¡Era el fin de la presencia romana en Britania! ¡Era el fin de Britania! Todo se había acabado, los *spectrum* habían ganado… Y de repente, un ruido ensordecedor sonó en medio de los *spectrum*, y luego otro, y otro, y así sin parar.

A pesar de que mis hombres y yo teníamos experiencia en el combate y no nos amedrentábamos por nada, aquel ruido nos sobrecogió, era como el ruido de los truenos de la peor de las tormentas, salvo que no había tormenta. La horda que se dirigía hacia nosotros de repente se fue reduciendo, tras cada explosión, un grupo de *spectrum* caía fulminado como si un rayo les hubiera caído encima, así que al final solo llegaron unos pocos *spectrum* hasta nosotros, y los nueve los eliminamos sin demasiada dificultad. Liu Hu se acercó a nosotros y dijo:

—¿Estáis todos bien?

—¡Por todos los dioses! ¿Qué ha sido eso? —le pregunté.

—Son pequeños paquetes llenos de un polvo negro que con el fuego explotan, y para eliminar a los *spectrum* ato a los paquetes trozos de metal, y al explotar, estos salen disparados.

Liu Hu me enseñó uno de esos paquetes, su forma era de un cilindro del tamaño de una mano y en uno de los extremos había una cuerda que encendías y luego tenías que lanzar rápido sobre donde querías que aquello hiciera explosión.

—¿De dónde ha salido esto? —preguntó Adriano.

—Nosotros la llamamos… ¡pólvora! —dijo Liu Hu—. Es uno de los muchos secretos de China, le prometí a mi emperador que solo la utilizaría en caso de extrema urgencia.

Los *spectrum* seguían avanzando sobre nosotros, por lo que Liu Hu siguió lanzando aquellos paquetes y los *spectrum* que llegaban hasta donde estábamos caían eliminados. Vi como Liu Hu cogía una catapulta que había en nuestro campamento, encendía varios paquetes y los lanzaba sobre la horda que había en la planicie, allí donde estallaban eliminaban a varios *spectrum* pero no era suficiente. En un momento de calma pude observar desde la altura del montículo cuál era el panorama, había muchos puntos donde los *spectrum* ardían, pero los dos flancos habían sido totalmente desbordados y los legionarios de la Legio VIIII Hispana estaban siendo aniquilados. Sí que es cierto que la horda se había reducido, pero aun así todavía nos ganaban en número, y más cuando habían muerto muchos legionarios.

Cuando todo comenzaba a estar perdido pude ver que por cada flanco desde el norte, los bárbaros de Lucio atacaban y eliminaban a los *spectrum*, eran dos grupos muy numerosos, de no menos diez mil bárbaros en cada flanco, sin duda su ayuda fue decisiva, ya que mis legionarios habían llegado al límite de sus fuerzas. Por lo que vi, Lucio nos había engañado una vez más, pues contaba con unos veinte mil soldados, pero sin duda se lo calló para que de esta forma los legionarios tuviéramos que llevar el peso de la batalla y sufriéramos muchas bajas y nos debilitáramos.

También se unieron para ayudarnos los lugareños, ya fuera de Londinium como de aldeas próximas, y aunque no sé muy bien cuántos eran ni tampoco por qué lo hicieron, su ayuda fue decisiva, me imagino que debieron pensar igual que yo, que «el enemigo de mi enemigo, amigo mío es».

Al cuarto día la situación comenzaba a estar bajo control, el número de *spectrum* se había reducido considerablemente, pero cuando menos te lo esperas es cuando suele pasar lo peor. No sé si fue por un descuido o por creer que ya los habíamos derrotado, cuando un *spectrum* salido de no sé dónde se abalanzó sobre Adriano, y yo instintivamente me lancé sobre él para protegerlo, con lo que el *spectrum* se lanzó a morderme a mí y a pesar de la protección que llevaba, logró arañarme un poco la cara, lo suficiente para que su mal entrase en mi cuerpo. Viendo esto, Liu Hu se abalanzó sobre el *spectrum* y me lo sacó de encima antes de que este me pudiera morder, pero al hacerlo, este le mordió a él. De un golpe certero de espada Maximus lo eliminó, pero era demasiado tarde, Liu Hu y yo estábamos con el mal de los *spectrum* en nuestro cuerpo, era cuestión de horas en el mejor de los casos para que nos transformásemos en esas cosas.

Ninguno de mis hombres se atrevió a cumplir mis órdenes de eliminarnos al instante de ser arañados o mordidos, pero antes de que yo les pudiera ordenar que nos eliminasen, Liu Hu gritó:

—¡Esperad, no nos eliminéis todavía!, ¡hay un remedio! —Liu Hu sacó de entre sus ropas un frasco de un color verde y me dio a beber su contenido—. Bébetelo todo, hasta la última gota.

—¿Y tú? —le pregunté—. A ti también te han mordido.

—Haz lo que te digo, bebe todo lo que hay en el frasco antes de que sea demasiado tarde.

Liu Hu abrió el frasco y me obligó a bebérmelo todo.

—Su efecto es inmediato, y a partir de ahora, siempre que recibas arañazos o heridas no muy profundas tu cuerpo podrá eliminar el mal de los *spectrum*, pero si te muerden muy profundo y muchas veces, entonces no tendrás solución ni cura.

Al decir esto, todos vimos que aquel *spectrum* le había mordido a Liu Hu en el cuello y en el brazo.

—Amigo Marcellus, continúa tú mi lucha para eliminar a todos los *spectrum*. Ahora debéis eliminarme, yo estoy infectado y no tengo cura.

Todos nos quedamos mirando a Liu Hu sin saber qué hacer, era una situación que sabíamos que podía pasar, incluso ya nos había pasado con otros compañeros, así que no era la primera vez, pero sí era la primera vez que teníamos que eliminar a uno del Grupo VIIII y aquello nos resultaba del todo imposible, y más a mí, que Liu Hu me acababa de salvar la vida dos veces seguidas, la primera al sacarme el *spectrum* y recibir él los mordiscos que hubiera recibido yo, y luego al hacerme beber a mí aquel brebaje. Recuerdo que yo estaba a su lado, y a pesar de que estaba empuñando mi espada, ninguno de mis músculos se movió, era como si mi cerebro dijera que lo tenía que eliminar para evitar que se convirtiera en un *spectrum* pero sin embargo mi cuerpo no respondía.

No sé muy bien cuánto tiempo estuvimos todos mirándolo sin hacer nada, pero como ninguno de nosotros nos atrevimos a eliminarlo, uno de los criados chinos que acompañaban siempre a Liu Hu sacó una espada y le propinó un certero golpe en el cráneo. Liu Hu se desplomó sin vida en el suelo. Liu Hu murió por salvar mi vida, puedo entender mi reacción para salvar la vida de mi amigo y de mi emperador, pero sin duda la amistad que me unía con Liu Hu hizo que este entregase su vida para salvar la mía.

Pero aquello no había terminado, los *spectrum*, aunque reducidos en número, seguían intentando comernos. Su avance, aunque se había frenado por la ayuda de los bárbaros de Lucio y por la ayuda de los aldeanos de Londinium y de las aldeas próximas, así como por la ayuda del polvo negro de Liu Hu, no eran suficientes para eliminarlos a todos.

Después de tres largos días de dura lucha, finalmente logramos reducir la horda de *spectrum* a un número más o menos pequeño de unos cuarenta a cincuenta mil, y ya fue cuestión de tiempo y paciencia que logramos eliminar a estos últimos, aunque para ello precisamos tres días más. Además, como había pequeños grupos de *spectrum* desperdigados por los alrededores que no habían entrado en nuestra trampa, patrullas formadas por bárbaros y legionarios tardaron más de dos semanas en eliminarlos a todos por completo.

Aquella fue una batalla que duró cerca de un mes, un largo mes en el que tan solo quedaron en pie o con vida trescientos cincuenta y tres legionarios de la Legio VIIII Hispana, y seiscientos veinte soldados de las tropas auxiliares. Esto es, de los cerca de diez mil legionarios y tropas auxiliares que había destacados en Britania pertenecientes a la Legio VIIII Hispana, en unos meses quedaban con vida novecientos setenta y tres hombres más nosotros nueve, por lo que más de nueve mil legionarios la habían perdido. Lucio perdió unos mil quinientos soldados, y los aldeanos que nos ayudaron perdieron unos dos mil hombres y mujeres, así pues para eliminar a más de doscientos cincuenta mil *spectrum* hicieron falta cerca de once mil quinientos muertos, esto es, por cada legionario o bárbaro muerto, murieron más de veinte *spectrum*.

CAPÍTULO VIIII

Adriano cumplió con la palabra
dada al bárbaro Lucio

Aún tuvieron que pasar varias semanas para poder quemar los cuerpos de todos los spectrum y los cuerpos de los legionarios, aldeanos y bárbaros muertos. Al principio se utilizó la madera de las empalizadas, pero pronto se acabó, así que se fueron talando todos árboles de los bosques cercanos a Londinium. Finalmente más de doscientos cincuenta mil cuerpos fueron quemados, y su carne reducida a cenizas y sus huesos triturados. El hedor a carne podrida quemada perduró largo tiempo en la zona, y no fue hasta la llegada de las lluvias que aquella peste se la llevó el viento.

Britania había sido arrasada por una plaga de cuerpos sin vida que deambulaban a su antojo atacando y devorando a todas las personas que se encontraban a su paso, pero gracias a la determinación de los hombres de la Legio VIIII Hispana, los spectrum fueron eliminados totalmente de Britania, aunque tengo constancia de que un año después de aquel suceso todavía se seguían encontrando y eliminando algunos spectrum que deambulaban solos por los rincones más insospechados.

Adriano cumplió con su palabra y dejó marchar a los bárbaros en paz; bueno, si somos justos, más bien el bárbaro nos dejó en paz, ya que los apenas mil hombres que formaban la Legio VIIII Hispana hubieran sido del todo incapaces de derrotar a los cerca de dieciocho mil bárbaros que tenía Lucio, ya que algunas cohortes de la Legio XX Valeria Victrix y de la Legio II Augusta habían partido por mar dirección a la Galia. Después de ayudarnos a quemar los cuerpos, Lucio y sus hombres partieron hacia sus tierras del norte.

Pocas semanas después de la marcha de Lucio, Adriano me hizo llamar a su tienda.

—Pasa, Marcellus, ven que te presente.

En la tienda había varios oficiales, a uno de ellos lo conocía, sabía de sus dotes de ingeniero y constructor. Después de ser presentados, Adriano dijo:

—He decidido seguir tu consejo.

—¿Mi consejo? —pregunté extrañado.

—Sí, recuerdo que me explicaste que en China habían construido una muralla que dividía el país en dos y lo atravesaba de punta a punta, y cuando los spectrum los atacaban se ponían todos en el lado donde no habían spectrum; pues nosotros haremos lo mismo. Nosotros también construiremos un muro.

—Por lo menos esto es lo que me explicó Liu Hu, y yo no tengo por qué dudar de su palabra por muy increíble e inverosímil que resulte oír una historia como la suya, pero si mal no recuerdo me comentó que tardaron varios siglos en terminarla.

—He decido construir un muro aquí —con el dedo señaló un punto en un plano que había sobre una mesa—, esta es una de las zonas más estrechas del norte de Britania y mis ingenieros me aseguran que de punta a punta el muro no medirá más de veinte a treinta leguas.

—Para construir algo así se tardarán años, y sin duda se precisará de mucho oro para pagar su construcción, incluso

El muro de Adriano fue levantado entre los años 122 y 132 por orden del emperador Adriano. El muro tenía una longitud de 117 km e iba en el oeste desde el golfo de Solway hasta el estuario del río Tyne en el este. Todo el muro fue construido con sillares de piedra y tenía un grosor de entre 2,5 hasta los 3 m, y una altura de entre los 3,6 hasta los 4,8 m. El muro de Adriano tenía 14 fuertes y 80 fortines, asimismo tenía un foso de 10 m en su parte septentrional.

utilizando a esclavos y a aldeanos. Además, a pesar del muro, el peligro de que vuelvan los spectrum seguirá existiendo.

—No te preocupes por el oro, ya he conseguido que el Senado de Roma pague su construcción, sin duda el envío del oro que tú y el Grupo VIIII me ayudasteis a enviar a Roma ha contribuido en buena manera a suavizar las voluntades de los senadores de Roma.

—¿El Senado de Roma está dispuesto a pagar el elevado coste que representará la construcción de un muro?

—Hace semanas les envié un mensaje donde les explicaba con todo lujo de detalles la batalla que habíamos tenido.

—¿Le hablaste al Senado de Roma de los spectrum?

—No, amigo Marcellus, ese detalle lo omití por completo, tan solo les dije que los bárbaros se habían sublevado y que teníamos dos opciones, o bien enviar más legiones con el elevado coste que tiene mantener cada mes una legión de Roma, o bien construir un muro y destinar para su protección a unas pocas tropas auxiliares que sin duda son más baratas. Y está claro lo que ha decido el Senado de Roma, así que comenzaremos la construcción del muro esta misma semana.

En la web, «¿Qué costaba mantener una legión romana?» hay un interesante informe escrito por Antonio Duarte Sánchez donde se detallan los costes de una legión como los sueldos de los legionarios, costes de darles de comer, coste de los animales de carga, etc. En cuanto a las cantidades de dinero necesarias para levantar y sostener durante un mes a una legión, creo que resulta suficientemente aproximativa la siguiente cifra adaptada a la moneda actual del euro: 15.597.197,26 euros/mes

Fuente: «¿Qué costaba mantener una legión romana?», en http://www.historialago.com/leg_u_artic_costelegiones_01.htm

También podéis obtener información sobre el tema en Legiones de Roma. La historia definitiva de todas las legiones imperiales romanas, escrito por Stephen Dando-Collins y traducido por Teresa Martín Lorenzo. Editorial La Esfera de los Libros, páginas 33-34. ISBN 978-84-9970-330-5.

—¿Y que han dicho de que la Legio VIIII Hispana haya sido totalmente aniquilada? —le pregunté.

—Sobre este tema no les he dicho nada —respondió Adriano, lacónico.

—Entonces, ¿qué piensas hacer con la Legio VIIII Hispana? —le pregunté sorprendido—. Cerca de nueve mil legionarios y soldados de tropas auxiliares no pueden desaparecer sin más.

—Ya lo sé. ¿Tú que me propones, Marcellus?

—Lo único que puedes hacer es enviarnos a la otra punta del Imperio, siempre, eso sí, por caminos y rutas poco transitadas, de esta forma la Legio VIIII Hispana seguirá existiendo, pero al no estar nunca localizable nadie preguntará por nosotros, y al final la gente se terminará por olvidar de la Legio VIIII Hispana, simplemente desapareceremos y caeremos en el olvido de los tiempos.

—Es una buena idea, la puedo enviar por ejemplo a Judea.

—Sí, pero recuerda que los legionarios de la Legio VIIII Hispana y los soldados de las unidades auxiliares te han servido fielmente y todos ellos han vivido el horror de tener que luchar contra los spectrum, por ello creo que no sería justo que después de que todos ellos hayan demostrado una gran entrega por Roma y por su emperador los castigues enviándolos al destierro, por ello te propongo que los licencies con honores y los envíes a sus casas.

—¿Quieres que los envíe a Hispania? Ya sé que todos son de Hispania como tú pero, ¿quién me asegura que cuando lleguen a sus casas no se lo explicarán todo a sus mujeres y amigos?

—¿Explicar qué? —le interrumpí—. ¿Que los muertos se levantan, caminan, muerden y se comen a las personas? Si se lo explican a alguien los tomarán por locos, además si les das una buena cantidad de oro a cada uno, así como tierras en Hispania, y les haces prometer que no dirán nada, seguro que cuando lleguen a sus aldeas querrán empezar una nueva vida y olvidarlo todo.

—El problema es que no podemos hacer desaparecer a toda una legión de Roma —dijo Adriano—, tarde o temprano seguro que algún senador se interesará por la Legio VIIII Hispana.

—¿Quién se tendría que interesar por la Legio VIIII Hispana? —dije—. Está integrada exclusivamente por ciudadanos de Hispania, por lo que los senadores de Roma poco interés tienen por una legión de Roma cuyos integrantes son, por decirlo de una forma educada, ciudadanos romanos de categoría inferior. Además, si alguien pregunta, con decir que está en Germania, en Judea o en cualquier otra parte del Imperio, seguro que será más que suficiente, y si algún senador insiste mucho te puedes inventar que ha sido aniquilada en Judea, que por esas tierras los senadores nunca acostumbran a viajar.

—¿Y sí algún día hace falta y es reclamada en alguna campaña? —preguntó Adriano.

—Pues entonces vuelves a reclutar en Hispania a nuevos legionarios, y ya está.

Adriano se quedó convencido de que era la mejor solución, además, los pocos supervivientes de la Legio VIIII Hispana y de las tropas auxiliares se merecían un premio, y qué mejor reconocimiento que licenciarlos con honores antes de que terminase el tiempo que tenían que estar en la legión, y además obsequiarlos con abundante oro y tierras a cada uno de ellos para que pudieran volver a sus casas, pero todo esto se tenía que hacer en el mayor de los secretos ya que nadie podía estar enterado de lo sucedido, por lo que no fueron licenciados con honores, sino que fueron licenciados en el mayor de los secretos, y simplemente se dejó de mencionar en los informes oficiales cualquier cosa referente a la Legio VIIII Hispana.

—En cuanto a ti, amigo Marcellus, he decidido darte tierras en varios puntos del Imperio con la intención de que el Grupo VIIII tenga cuarteles para llegado el caso de que aparezcan más spectrum en cualquier parte del Imperio de Roma podáis actuar con la máxima dilación. Además te he dotado de una fortuna personal equivalente a la mitad del tesoro de Roma para que con todo ese oro crees una gran red de información y de legionarios que estén en todo momento dispuestos a eliminar cualquier amenaza que aparezca de spectrum en cualquier parte del Imperio. De alguna manera la Legio VIIII Hispana, aunque desaparecerá, en el fondo seguirá al servicio de Roma.

—No puedo aceptar tal honor ni tanta riqueza, y mucho menos tanto poder.

—Amigo Marcellus, nos conocemos desde hace muchos años, durante mi estancia en Hispania me demostraste tu amistad, y ahora además me has demostrado tu lealtad, tanto a mí como a Roma, ¿quién mejor sino tú para defender al Imperio de los ataques de los spectrum?

—¿Y si no vuelven a aparecer más spectrum?

—Me temo, amigo Marcellus, que en eso tengo algo más de información de la que tú tienes, pues nuestro amigo Liu Hu me explicó que esas cosas siempre aparecen, y lo suelen hacer en aquellas zonas donde previamente ya habían aparecido. Según me contó pueden pasar años, décadas o incluso siglos, pero siempre terminan por volver, y según me contó, siempre están precedidas por olas de calor y por intensas llamaradas del sol.

—¡Llamaradas del sol!, ¿qué es eso?

En relación a las llamaradas y al calor extremo hay que añadir que he leído otros escritos de otros antepasados míos y todos hacen la misma referencia al incremento de temperatura, y a que algunas personas enferman con fiebres muy altas y mueren el mismo día y en pocas horas se convierten en *spectrum*.

En el último escrito de mi padre habla de las llamaradas solares, las cuales ahora son estudiadas con detenimiento pues según la versión oficial pueden afectar a las telecomunicaciones y a los satélites, pero lo que no se dice es que esas llamaradas solares son la causa de la aparición de los *spectrum*, y es por esto que son seguidas con tanto detenimiento por parte de los científicos, y de organismos internacionales como la NASA.

Dado que actualmente la tecnología puede difundir imágenes e información de cualquier parte del mundo, se ha hecho creer que las llamaradas solares pueden afectar a las comunicaciones, pero en realidad lo que sucede es que si tras una de estas llamaradas solares aparecen *spectrum* los gobiernos de los países afectados, para evitar fugas de información, lo que hacen es desconectar los satélites de comunicación.

Hay que aclarar que no siempre que hay llamaradas solares aparecen *spectrum*, pero sí que cuando aparecen los *spectrum* antes ha habido potentes llamaradas solares.

—Pues eso me temo que lo tendrás que estudiar por ti mismo en los escritos que Liu Hu me preparó. Sin duda tienes mucho por leer y mucho por aprender. Tú y el Grupo VIIII sois la única esperanza que tiene el Imperio de Roma para evitar que los spectrum algún día conquisten nuestras posesiones y dominen el mundo conocido.

CAPÍTULO X

El Grupo VIIII y Marcellus

Por lo que pude leer en sus escritos, durante muchos años mi antepasado Marcellus fue el máximo responsable del Grupo VIIII y de toda la organización que se creó. El Grupo VIIII se fue extendiendo por todo el Imperio romano. Años más tarde Marcellus viajó a China, donde conoció al emperador de la China y fue cuando se enteró de que Liu Hu era su hijo mayor, y si no hubiera fallecido por salvarle la vida, algún día hubiera llegado a ser el emperador de la China.

Asimismo aprendió los secretos de las pócimas que curan cuando el mal del *spectrum* entra en el cuerpo a través de un arañazo o mordedura leve, e incluso le enseñaron el secreto de la pócima que cura una mordedura profunda, aunque como sus ingredientes escaseaban ya que eran difíciles de encontrar, era imposible hacerlas a gran escala. Otra cosa que aprendió a fabricar fue el polvo negro que Liu Hu utilizó en la última batalla. Los chinos lo llamaban pólvora, y aunque Marcellus conocía su secreto para fabricarlo, así como sus componentes, le prometió al emperador de la China que jamás divulgaría el secreto de su composición y solo lo emplearía para luchar contra los *spectrum*.

Mi antepasado conoció una nueva cultura y sus costumbres, y en todo el tiempo que permaneció en China, el emperador lo acogió como a un hijo, lo que le permitió conocer las costumbres y los secretos de la sociedad china, y gracias a ello aprendió a hacer cosas tan increíbles para su época como fueron los helados, a hacer pasta, así como una masa de harina redonda a la que se le añadían quesos y verduras y se calentaba en un horno de leña, y así muchas cosas más que años más tarde enseñó a sus hijos, y estos a su vez a sus hijos, así a lo largo de generaciones.

Aquel viaje coincidió con un ataque muy importante de *spectrum* en China, por lo que el Grupo VIIII ayudó al emperador de la China a derrotarlos, pero eso ya es otra historia…

El dinero y las propiedades que le dio Adriano iban desde tierras por toda Hispania, la Galia, Britania, Germania y Judea, y por supuesto Italia, así como en más zonas ocupadas por Roma. Por otro lado, el emperador de la China, además de transmitirle muchos secretos con la condición de que estos solo los podrían saber sus sucesores en su cargo, también le otorgó posesiones en China, así como mucho dinero con el objetivo de que el Grupo VIIII fueran los guardianes que lucharan contra los *spectrum*. No es que el emperador no tuviera su propio Grupo VIIII, que sí lo tenía, sino que vio en Marcellus una persona de total confianza, del todo ajena a las intrigas palaciegas, pues al no ser chino no tenía ninguna relación con ninguna de las familias de nobles chinos que amenazaban con quitarle el poder al emperador, así que Marcellus y sus hombres se ganaron su amistad y su respeto, pero también el odio y las envidias de la gran mayoría de cortesanos.

El emperador de la China no tenía un grupo de nueve soldados, en realidad tenía varios ejércitos formados cada uno por miles de soldados especialmente equipados y entrenados para luchar contra los *spectrum*. El Grupo VIIII, para poder controlar sus posesiones y desplazarse con rapidez para sofocar la infección de *spectrum* creó una red de comerciantes que se movían por todo el mundo conocido, además poseía una gran flota que navegaba por todos los mares, desde el Mediterráneo al mar de la China, y partiendo de Hispania en dirección oeste atravesaban todo un gran mar y llegaban a tierras lejanas, concretamente lo que hoy conocemos como América, pero esa también es otra historia…

Por lo que he podido leer en los manuscritos, durante muchos años mi antepasado tuvo que sofocar varias apariciones de *spectrum*. A la muerte de mi antepasado Marcellus le sucedió su hijo mayor, y el resto de sus hijos también formaron parte del Grupo VIIII, y así ha ido sucediendo a lo largo de generaciones.

CAPÍTULO XI

Manuales del Grupo VIIII

MANUAL *SPECTRUM*

Marcellus fue el primero de una saga de familiares que evitó a lo largo de veinte siglos que los *spectrum* se apoderasen de la Tierra devorando o infectando a todos sus habitantes. El Grupo VIIII ha tenido que intervenir en un sinfín de ocasiones en los cinco continentes, y Marcellus creó el primer manual de cómo actuar frente a la amenaza de los *spectrum*.

A continuación he traducido un manual que se adjuntaba en el diario, ya que creo que puede ser de interés y utilidad. En él se explican sucintamente los puntos más elementales sobre los *spectrum* y cómo actuar en caso de encontrarse frente a ellos. Debo aclarar que ha sido ampliado por los sucesores de mi antepasado.

¿Qué es un *spectrum*?
Es un muerto que «revive», pero al hacerlo ha perdido toda su capacidad de comunicación y relación. Se mueve por impulsos, aunque su cerebro solo funciona a un mínimo nivel. Al estar

---

muerto no respira, come, bebe ni se cansa; valga como ejemplo que puede estar caminando sin parar durante años y siempre mantener el mismo ritmo. En un experimento, se introdujo a un *spectrum* en una rueda gigante —como las de ratones o hámsteres en las jaulas— y estuvo andando durante más de quince años sin parar, y no se detuvo hasta que su carne se pudrió, por lo que las extremidades se terminaron soltando del tronco, pero si uno se acercaba a su cabeza, su boca se abría para morderlo.

¿Cuándo pueden aparecer los *spectrum*?
Hay varias características ambientales que suelen suceder antes de la aparición de los *spectrum*:
—Sobre todo, tormentas solares. Por lo que parece, estas desencadenan que la infección se pronuncie en las personas, tanto sanas como enfermas. En realidad no importa ni su estado de salud ni su edad, puede afectar a cualquier persona o por lo menos no se ha descubierto la causa de por qué afecta a unos y no a otros. Tal vez haya una predisposición genética.
—Aumento inexplicable de las temperaturas en zonas donde no debería hacer tanto calor.
—Aumento de la temperatura del agua de los ríos o del agua de capas freáticas.

¿Cómo actuar ante un *spectrum*?
—Hay que alejarse de él, ponerse a salvo en una zona bien ventilada y a ser posible con víveres, y hay que poder comunicarse para poder pedir auxilio.
—Si se decide eliminarlos, hay que saber que aunque no atacan de forma organizada, cuando detectan una presa todos se unen y la atacan, por lo que si son varios es mejor esperar a eliminarlos uno a uno cuando los *spectrum* estén alejados del grupo.

¿Cuánto tiempo «viven» los *spectrum*?
Hay documentos sobre *spectrum* donde se afirma que viven quince y más años. Para ser exactos, al no tratarse de un ser vivo, sino de un muerto viviente o un muerto que camina, no es que «vivan», sino que caminan y tienen instinto de comer carne humana. Al ser un cuerpo humano muerto, la carne humana se termina descomponiendo por putrefacción, por lo que las extre-

midades y la cabeza se terminan separando del tronco, esto no quiere decir que la cabeza una vez separada del tronco no pueda seguir mordiendo, pues mantiene los instintos de comer carne humana. Se han documentado casos de *spectrum* muertos siglos atrás cuya cabeza, o más bien mandíbulas, al tener cerca carne humana, intentaban morderla. Otro tema inexplicable es por qué su carne tarda tanto en descomponerse.

¿Qué comen los *spectrum*?
Básicamente carne humana, pero de personas vivas, la carne de los muertos no les interesa tanto, aunque también se la comen, mas parece que lo hacen para probarla o creyéndose que es la de personas vivas. Rara vez comen animales, ya sean vivos o muertos, y si lo hacen parece que se los coman como pasatiempo.

¿Cómo eliminar un *spectrum*?
Hay que aclarar que a los *spectrum* no se los mata, sino que como ya están muertos, solo se los puede eliminar; así pues, para eliminar a los *spectrum* hay que asestarles un fuerte golpe con un objeto contundente, en la base del cráneo, o bien dispararles, o bien clavarles una flecha o una espada o una lanza en esa zona del cuerpo.

¿Dónde ir ante una amenaza de *spectrum*?
Es aconsejable ponerse a salvo en una zona segura donde los *spectrum* no puedan acceder como puede ser un piso o casa, aunque hay que tener en cuenta que si nos encerramos dentro de un piso o casa y los *spectrum* pueden saber que estamos dentro, nos podrán rodear, y entonces seremos sus presas, por lo que no podremos escapar a no ser que nos arriesguemos a ser devorados, así pues, en el supuesto de encerrarnos en una casa o piso es aconsejable que este esté preparado y tengamos víveres, agua y todo lo necesario para pasar un largo período de tiempo, incluso meses.
Otra opción es huir en vehículos especialmente acondicionados, pero en ese caso debemos fijarnos un punto de destino, o bien una zona escarpada o montañosa de difícil acceso donde tengamos comida, agua y un refugio previamente preparado, o una casa alejada de la ciudad, o una base militar, etc.

En caso de huir se deberán elegir zonas apartadas de la civilización y de difícil acceso; de esta forma disminuyen las posibilidades de encontrarnos con esas cosas, para ello es aconsejable haber elegido la zona previamente con tiempo y haber habilitado construcciones preferiblemente subterráneas donde alojarnos y poder pasar períodos largos. Para ello las construcciones deberán tener todo lo necesario para albergar a cuantas personas queramos poner a salvo, como son víveres, agua, medicinas, servicios médicos, armas de fuego y armas blancas, sistemas de comunicación, medios de transporte terrestre y aéreo (como mínimo y a ser posible un helicóptero), etc.

Es importante tener claro cuántas personas podrán entrar, ya que a buen seguro llegado el día que lo necesitemos querremos llevar a más personas de las que inicialmente habíamos pensado, como amigos y familiares, por ello, los primeros que lleguen al refugio evitarán con armas de fuego si hace falta la entrada de personas no autorizadas, si no el refugio, al tener que albergar a más personas de las previstas, terminaría por no reunir las condiciones necesarias para poner a salvo a las personas que inicialmente estaba previsto que alojaría.

Otro manual que me parece interesante es este. Debo añadir que ha sido ampliado por los sucesores de mi antepasado. Tan solo es un breve resumen del manual más extenso del que dispone el Grupo VIIII.

MANUAL «CASERO» DE SUPERVIVENCIA CONTRA *SPECTRUM*

A modo orientativo indico algunas cosas que todos deberíamos tener en nuestras casas y dado que su precio es asequible, nunca está de más disponer de ellas, ya que llegado el caso de un ataque de *spectrum* nos pueden ser muy útiles.

Víveres en conserva y agua potable embotellada

Cuanta más comida y agua se almacene, más días se podrá estar escondido y a salvo en la casa o escondite, así que no hay que escatimar en comida ni agua, porque llegado el día puede hacer falta, pero ojo, al comprar la comida en conserva o deshidratada, hay que mirar bien las fechas de caducidad y exigir que nos entreguen comida que caduque lo más tarde posible; asimismo, cuando falte poco para caducar, hay que comprar nueva comida, si no, llegado el día uno se puede encontrar con que todo lo que se había guardado no sirve para nada. En relación al agua que se precisa almacenar se puede aplicar la siguiente fórmula para determinar la cantidad de litros, entendiendo que se tratará de agua para consumo y para aseo:

Número personas x 5 litros/día x días escondido = número total litros de agua a almacenar

Así pues, una familia de 5 personas que desee estar escondida/ protegida en su vivienda o refugio unos 6 meses, esto es, 180 días, tendría que almacenar:

5 personas x 5 litros/día x 180 días a estar escondido = 4.500 litros de agua a almacenar

Si se almacenan garrafas/botellas de 5 litros se precisará hacer acopio de 900 garrafas/botellas. Sin duda para almacenar tal cantidad de garrafas y/o botellas se precisaría de un espacio específico, acondicionado con estanterías. Otra opción necesaria y aconsejable sería la de tener una pequeña planta potabilizadora, ya sea una planta de ósmosis u otro sistema, de esta forma se podría potabilizar el agua de algún pozo o agua de lluvia.

También hay que tener en cuenta la necesidad de disponer de agua para el aseo y para cocinar, y si uno desea esconderse por largo tiempo, se deberá disponer de agua para regar cultivos con los que alimentarse, es por ello que es aconsejable tener acceso a agua de pozo.

En relación a la comida, además de hacer acopio de víveres, recomiendo que se disponga de pastillas de vitaminas.

Higiene personal

Es aconsejable mantener el cuerpo limpio y aseado, por ello hay que lavarse y limpiarse para no coger infecciones, por ello además del agua potable se debe tener en cuenta el agua que se precise para la higiene personal.

Medicinas básicas y un botiquín de primeros auxilios
Sin duda el tema sanitario y médico es importante, por ello para todas aquellas personas que precisen seguir un tratamiento periódico o que sufran de algún tipo de dolencia es aconsejable que tengan almacenado suficientes medicamentos para tratar su dolencia. Asimismo es aconsejable tener una nutrida variedad de medicamentos básicos. Se deben comprar uno o varios botiquines para primeros auxilios.
Es importante revisar las fechas de caducidad, reponiendo los medicamentos que estén a punto de caducar.

Herramientas
Se deben tener cuerdas, alambre, clavos, maderas para tapiar puertas y ventanas, aunque siempre se puede hacer servir las puertas de dentro de casa o las puertas de los armarios. También linternas, pilas, velas y cerillas.
Se deben comprar hachas, a ser posible de varios tamaños para diferentes usos, así como mazas. Ambas herramientas pueden tener un doble uso, y podrían llegar a servir como armas defensivas para emplearlas contra los *spectrum*.

Armas
Llegado el momento se precisará estar protegido, y no solo de los *spectrum*, sino lamentablemente también de otros seres humanos que quieran robar, por ello no está de más comprar una o varias espadas con punta y filo afilado, y recomiendo tener varios cuchillos de cocina de gran tamaño, además de como mínimo un arco o una ballesta y varias flechas, cuantas más mejor (es aconsejable practicar). También se deben tener hachas y mazas lo más grandes y pesadas posibles.
En aquellos países que la ley lo permita aconsejo tener varias armas de fuego, tanto largas como cortas de un calibre a ser preferible superior a 22 mm. Además aconsejo tener armas de caza, dado que hay más países cuya legislación lo permite. En todos los casos es recomendable contar con abundante munición, y por supuesto, para conocer su manejo se deberá practicar el tiro.

Comunicaciones

Una radio para estar comunicado y pilas para la radio. Aparato de radioaficionado para comunicarse con otros supervivientes. También es aconsejable tener varios walkie talkies para comunicarse con las otras personas que formen el grupo.

Energía

Para recargar las pilas se deben tener placas solares o generadores eléctricos. Para poder cocinar se debe tener gas en bombonas pequeñas para hornillos, u hornos que se calienten con la luz del sol. Si se dispone de chimenea es preciso acumular leña, aunque si se enciende eso delatará la propia posición, y aunque los *spectrum* no vean el humo, sí lo podrán ver otros seres humanos que tal vez hagan una visita poco amistosa.

Transporte

Es preferible disponer de un vehículo todoterreno. Si se tiene un garaje, es aconsejable guardar suficiente combustible para poder rellenar el depósito varias veces.

Otra opción de transporte terrestre sería disponer de una autocaravana aunque, por supuesto, es aconsejable tenerla preparada y blindada, o por lo menos reforzada. Si se dispone de una embarcación es aconsejable que todo lo mencionado anteriormente esté siempre en el interior de la embarcación, de esta forma cuando se conozca la amenaza de un ataque *spectrum* se podrá acudir directamente al barco y salir a alta mar, allí se estará a salvo, ya que los *spectrum* no saben nadar.

Agricultura

Para aquellas personas que tengan su casa/refugio en una zona con terreno cultivable, siempre se podrá cultivar en él verduras, hortalizas y frutas que permitirán sobrevivir más tiempo. Es recomendable que el campo de cultivo esté convenientemente vallado, o bien rodeado por un muro alto de piedra para evitar ser atacado por los *spectrum*.

Documentación

Esto se puede obtener de forma fácil y gratuita por Internet, descargando manuales de supervivencia e incluso manuales de combate, así como manuales de construcción de refugios, de agricultura, de cocina, médico-sanitarios, de primeros auxilios, de energía, de mecánica, etc. Recomiendo imprimirlos en papel y tenerlos guardados en el futuro refugio.

Protección
Para protegerse de las mordeduras y arañazos de los *spectrum* se debe tener ropa gruesa, tanto pantalones como abrigos. Sin duda recomiendo comprar chalecos antibalas y antipunzadas y extraer su material de blindaje (kevlar, twaron, etc.) y forrar abrigos y pantalones, así como guantes, y un collarín para proteger el cuello y un gorro para la cabeza. De esta forma, en caso de ataque se tienen bastantes posibilidades de no resultar infectado, ya que el material de blindaje evitará el contacto con la piel.

Blindaje de la vivienda
Si se tiene una casa a las afueras de la ciudad, ya sea en la montaña o en una urbanización, es aconsejable tenerla rodeada por un muro de piedra a ser posible como mínimo de unos dos metros de altura, y reforzado para evitar que se derrumbe en caso de que cientos de *spectrum* ataquen un punto concreto del mismo. Es aconsejable que la casa tenga un pozo con agua potable o crear depósitos de agua. Además se deberá poder generar energía eléctrica, ya sea con turbinas eólicas o con paneles solares. Ni que decir tiene que se deberá tener todo lo detallado anteriormente en este manual.
Un consejo es hacer un amplio sótano debajo de la casa, pues en caso de asedio de los *spectrum* la única forma de no volverse loco con los ruidos que emiten es ponerse bajo tierra para no oír nada; además el sótano podrá servir como almacén donde guardar y esconder lo necesario para sobrevivir a un ataque *spectrum*.
En caso de quedarse en el piso en un edificio de viviendas, recomiendo organizarse con los vecinos para proteger las puertas exteriores y evitar la entrada de *spectrum*. Un consejo personal es que a aquellas personas a las que se vea más predispuestas, por ejemplo cuando se habla con ellas al coincidir en las zonas comunes del edificio como son escaleras, ascensor, portería, etc., se les vaya sondeando para ver qué opinan sobre los

spectrum. Uno se sorprende de la cantidad de personas que están interesadas por este tema. De esta forma se podrá crear un grupo de personas en el edificio al que les preocupa el tema. En lo referente al propio piso se deberá tener la puerta principal blindada, preferiblemente revestida de plazas de acero, así como anclajes. También recomiendo ponerle una o varias barras de metal por detrás para bloquearla. En relación a las ventanas, además de tener persianas, se deberán tapiar con maderas, incluso si se vive en un piso elevado, ya que si bien los *spectrum* no saben trepar o escalar, sí lo saben hacer los seres humanos, y en caso de un ataque de *spectrum* lamentablemente también hay que protegerse de ellos. Para tapiar las ventanas, si no se tienen maderas se podrán utilizar las puertas de los armarios o las puertas interiores de la vivienda, clavándolas convenientemente con clavos.

CAPÍTULO XII

Breve historia del Grupo VIIII

Quiero aclarar que este capítulo es una especie de resumen de algunos de los libros que han ido escribiendo los que siguieron a mi antepasado Marcellus, esto es, son las memorias de mis antepasados. Aquí recojo algunas anécdotas sobre el Grupo VIIII y sobre los *spectrum* a lo largo de la historia. Hay que decir al respecto que a pesar de que nunca se ha publicado nada sobre los *spectrum*, muertos vivientes, muertos que caminan, muertos que devoran a personas o como se les quiera llamar, a lo largo de la historia mis antepasados y el Grupo VIIII han intervenido en un sinfín de ocasiones, aunque tal vez la más numerosa fue la que vivió en Britania mi antepasado Marcellus.

Mi antepasado Marcellus fue el primero de una larga lista de antepasados que han luchado para eliminar a los *spectrum*. Para dar algunas pistas, y para saber cuándo y dónde han vuelto a aparecer los *spectrum*, he extraído algunos pasajes que he leído en las memorias de Marcellus y del resto de antepasados, aunque sólo he podido leer al completo las memorias del primero.

A continuación, y a modo de resumen, expongo algunos puntos de interés.

—El Grupo VIIII ha estado siempre dirigido por mi familia.

—La forma de ocultar un brote de *spectrum* suele seguir siempre los mismos patrones, y es bien simple, generar la suficiente alarma y caos con cualquier otro tema para distraer la atención y controlar en todo momento la presencia de personas en la zona infectada que luego lo puedan contar. Actualmente los medios de comunicación y las redes sociales e Internet son una forma rápida de expandir una noticia, por lo que varias de las empresas del Grupo VIIII están especializadas en Internet, por ejemplo, la función de una de ellas es el desarrollo y comercialización del principal sistema operativo que se vende en el mundo, pero su función real es controlar la información que se pueda publicar en Internet sobre los *spectrum*. Otra de las empresas es el principal buscador de información de Internet, de esta forma el Grupo VIIII tiene controlado todo lo que se dice en Internet. Así pues, si lees que hay un brote, por ejemplo, de una enfermedad altamente infecciosa, en realidad puede ser que han aparecido *spectrum* en esa zona, y si dicen que esa enfermedad altamente infecciosa se ha expandido por una amplia zona, pues eso quiere decir que se ha descontrolado. Si el caso está en una zona muy amplia que abarca incluso varios países, entonces se inicia una pequeña guerra controlada para tapar la realidad. Para ello hay que tener el beneplácito de todos los gobiernos del mundo, y por supuesto, el apoyo incondicional de las principales potencias mundiales.

—De la fortuna que entregó el emperador Adriano a mi antepasado Marcellus, así como el emperador de la China, este creó el imperio empresarial que controla el Grupo VIIII, y gracias a ello el Grupo VIIII actualmente está presente en los principales órganos económicos, comerciales, gubernamentales y militares de decisión del mundo, como es la ONU, el Club Windelberg, foros de comercio internacionales, OTAN (NATO), Davos, etc.

—El entramado empresarial del Grupo VIIII controla y está

presente en cualquier sector de actividad económica, desde la industria primaria, pasando por la industria, la tecnología y el mundo financiero en todos los países del mundo, y por supuesto, los medios de comunicación.

—En cada país, en cada región y en cada ciudad del planeta, el Grupo VIIII tiene ya sea una empresa que le pertenece o una delegación con personal de seguridad siempre a punto para intervenir. En relación a las primeras, esto es, a las empresas, ningún directivo sabe que en realidad cuando envía informes de actividad sobre la zona donde trabaja su empresa en realidad los informes son primero revisados por el Grupo VIIII para ver si hay indicios de presencia de *spectrum*.

—Todos los gobiernos de todos los países del mundo están informados de la presencia de *spectrum* ya que, a lo largo de la historia, más o menos todos han sufrido como mínimo un ataque de *spectrum*, por lo que todos los países siguen las instrucciones que marca el Grupo VIIII, además todos los países apoyan a las empresas tapadera del Grupo VIIII en su implantación.

—Casi todas las empresas que controla el Grupo VIIII son multinacionales establecidas en muchos países, además siempre son multinacionales cuyos jefes, o incluso supuestos fundadores, son realmente hombres de paja del Grupo VIIII. Otro dato importante es que tiene presencia en todos los sectores empresariales, agrícolas, ganaderos, de servicios y financieros, y todas las empresas están entre las primeras en el ranking de facturación. Algunos sectores son alimentación, automoción, software, finanzas, medios de comunicación, etc.

—A lo largo de la historia ha habido centenares de ataques *spectrum*, unos más numerosos que otros, pero un hecho relevante y curioso es que los principales ataques *spectrum* siempre, o casi siempre, han coincidido con períodos convulsos de la historia, así pues, cuando en un país había una guerra, revolución o revuelta, además de influir diferentes fenómenos externos había ataques *spectrum*. Un período muy activo fue además de la época romana la Edad Media, pero también en los últimos siglos la presencia de *spectrum* ha sido una constante, tanto en la Gran Guerra, también llamada primera guerra mundial, como en la segunda guerra mundial, así como en muchas otras guerras y revoluciones, como la Revolución rusa o la Revolución francesa.

—El escudo del Grupo VIIII es este:

Hay que decir sobre el escudo del Grupo VIIII que por lo que he comprobado este ha ido cambiando o evolucionando a lo largo de los siglos. Al principio era un escudo romano con un toro, esto es, el escudo de la Legio VIIII Hispana, al que se le añadió el «VIIII». Lo que aparece siempre en todos los escudos, desde el primero hasta el actual, es la leyenda «ubi minime exspectes» cuya traducción más o menos acertada podría ser «cuando menos lo esperes». Me imagino que hace referencia al hecho de que los spectrum pueden atacarnos en cualquier momento, y por lo tanto, hay que estar siempre alerta y preparados, así que recordad… ubi minime exspectes.

El otro símbolo es el número VIIII, el cual hasta no hace mucho los integrantes del Grupo VIIII se tatuaban en el brazo.

CAPÍTULO XIII

¿Qué decisión tomo sobre el Grupo VIIII?

Tras la muerte de mi padre he heredado la responsabilidad de ser el responsable del Grupo VIIII. Es cierto que el impresionante entramado empresarial, por decirlo llanamente, me solucionaría la vida, pero si lo pienso con calma, mi padre jamás me hizo vivir rodeado de lujo, más bien todo lo contrario, aunque es cierto que nunca me faltó de nada, pero no viajábamos en jet privado, ni tan siquiera en primera clase, y tampoco íbamos a hoteles de gran lujo.

Sin duda es tentador poder codearte con los principales líderes empresariales del mundo, y que incluso algunos de ellos trabajen para ti, y no digamos poderte relacionar con los principales mandatarios. Mas dudo de que compense la responsabilidad de evitar que los spectrum se apoderen de la Tierra y devoren a la humanidad, pues si lo hago igual que lo hizo mi padre, todo ese lujo yo no lo disfrutaré y todo lo que haga no se lo podré contar a nadie. Sirva como ejemplo que mi madre me contó que ella solo lo supo una vez casados, y cuando yo nací.

Para mí, el mayor problema o la mayor duda que se me plantea es si estoy preparado para asumir tamaña empresa, y tamaña responsabilidad. Tengo ante mí la más terrible de

las decisiones, seguir con el peso de la responsabilidad here-
dada de mi padre, y este a su vez del suyo y así hasta llegar
a mi antepasado Marcellus, o desentenderme de todo. En
tal caso mi familia perdería para siempre cualquier relación
con el Grupo VIIII y este pasaría a estar controlado por
el número dos, que es uno de los descendientes de Maximus, eso sí, yo y todos mis descendientes tendríamos la
vida resuelta económicamente, y lo que es más curioso,
entonces sí que podría gastarme el dinero como quisiera, y
entonces sí podría volar incluso en mi jet privado y hospe-
darme en hoteles de gran lujo. ¡Difícil decisión!

Si tú estuvieras en mi lugar, ¿qué harías? ¿Aceptarías el
reto o… te desentenderías?

BIBLIOGRAFÍA

El ejército romano. Yann Le Bohec. Traducido por Ignacio Hierro. Editorial Planeta y Ariel Historia. Primera edición. ISBN 978-84-344-1182-1.

Legiones de Roma. La historia definitiva de todas las legiones imperiales romanas. Stephen Dando-Collins. Traducido por Teresa Martín Lorenzo. Editorial La Esfera de los Libros. Tercera edición. ISBN 978-84-9970-330-5.

El ejército romano. Adrian Goldsworthy. Traducido por Álvaro R. Arizaga Castro. Ediciones Akal. Tercera edición. ISBN 978-84-460-2234-3.

La antigua villa romana de Casale de Piazza Armerina. Verdades históricas y curiosidades. Luciano Catullo. Texto actualizado a cargo de Enzo Cammarata. Editorial Morgantina. Edición de 2013.

Zombi. Guía completa de supervivencia. Max Brooks. Traducido por Helena Bosch Iñíguez y Luis Gámez. Editorial Berenice / Books4Pocket. Segunda edición. ISBN 978-84-15139-00-3.

FUENTES DE INFORMACIÓN
EN INTERNET

«¿Qué costaba mantener una legión?», en http://www.historialago.com/leg_u_artic_costelegiones_01.htm

«Muro de Adriano», en http://es.wikipedia.org/wiki/Muro_de_Adriano

«Adriano», en http://es.wikipedia.org/wiki/Adriano

«Legión romana», en http://es.wikipedia.org/wiki/Legi%C3%B3n_romana

«Legio IX Hispana», en http://es.wikipedia.org/wiki/Legio_IX_Hispana

«Vacceos», en http://es.wikipedia.org/wiki/Vacceos

«Zamora», en http://es.wikipedia.org/wiki/Zamora

www.ingramcontent.com/pod-product-compliance
Lightning Source LLC
LaVergne TN
LVHW010333200726
843507LV00010B/1476